FRANZ HIMPSL · JUDITH WERNER

DANKE, NICHT GUT

FRANZ HIMPSL · JUDITH WERNER

DANKE, nicht GUT

Für reflektierte Gelassenheit statt toxischer Positivität

KÖSEL

MIX
Papier | Fördert gute Waldnutzung
FSC® C014496

Penguin Random House Verlagsgruppe FSC® N001967

Umschlaggestaltung: zero-media.net, München
Umschlagmotiv: FinePic®, München
Satz: Satzwerk Huber, Germering
Druck und Bindung: GGP Media GmbH, Pößneck
Printed in Germany
ISBN 978-3-466-34800-8
www.koesel.de

Inhalt

Hallo Ernstfall 9

EINS
Gute Miene, böses Spiel

Judiths Wutanfall 15
Willkommen im neuen Biedermeier 20
Das festgetackerte Lächeln 25

ZWEI
Keine Hoffnung ist auch (k)eine Lösung

Von der Unvermeidlichkeit des Unperfekten 37
Wer nichts erwartet … 47
Alles ist vergänglich – na und? 57

DREI
Wieder nüchtern werden

Realisten essen Butterbrot 71
Wie eine Forscherin denken 78
Wenn Pro-und-Kontra-Listen nicht weiterhelfen 88

VIER
Tschüss, ihr nicht gelebten Leben

Der Jahrmarkt der Ängstlichkeiten hat immer geöffnet . . 101
Die goldene Mittelmäßigkeit 109
Illusionen beerdigen. 116

FÜNF
Jetzt mal ganz pragmatisch

Was ist schon normal? 127
Empörung allein macht die Welt nicht besser 136
Untergehen können wir später immer noch 144

SECHS
Trotz allem

In Damokles' Hängematte 155
Die Geschichte von Maxi 165
Optimismus für Pessimisten 171

Danke, echt gut! 183
Quellen und Lesenswertes 185

Wir, Judith und Franz, sind überzeugt davon, dass an einer geschlechtergerechten Sprache kein Weg vorbeiführt. In unserem Berufsalltag gehört Gendern inzwischen ganz selbstverständlich dazu. Die Frage war für uns also nie das »Ob«, sondern nur das »Wie«. In diesem Buch wählen wir – wo es uns möglich und sinnvoll erscheint – neutrale, inklusive Formulierungen oder sprechen abwechselnd von Männern und Frauen, auch wenn damit inhaltlich Personen jedweden Geschlechts angesprochen werden sollen. An manchen Stellen nennen wir nur eine Gruppe, weil wir auch tatsächlich nur ein Geschlecht meinen. Das ist keine perfekte Lösung, aber immerhin eine pragmatische.

Genauso wie die Entscheidung, meist im »Wir« zu sprechen. Erzählen wir im Buch Geschichten, die nur einen von uns betreffen, nutzen wir die dritte Person; geschrieben haben wir aber auch diese Passagen gemeinsam. Die einzige Ausnahme: Wenn Judith von ihrer Krebstherapie erzählt und Franz über den Tod seiner Verlobten, erlauben wir uns (gesondert gekennzeichnete) Ich-Momente.

Stimme aus dem Off:
»Herzlich willkommen zu unserer Sendereihe ›Das Astrobrot‹, in der unser Astrobrot-Anwärter Bernd das Brot heute die Schwerelosigkeit trainieren wird.«
Bernd: »Und wie bitte soll ich das anstellen?«
»Indem du schwerelos bist, Bernd.«
»Ah. Na dann. Schweb, schweb. Klappt nicht. Mist.«

KiKA: Bernd das Brot

Hallo Ernstfall

Wenn eine Pessimistin und ein Optimist versuchen, über Hoffnung und Verzweiflung zu schreiben, entsteht unweigerlich Reibung – zumal wenn sie mit einer Stimme sprechen wollen.

Dabei fanden wir die Idee, ein Buch zu schreiben, erst mal super. Doch während Franz die Idee mit der Zeit immer superer fand und sich schon nach der Fertigstellung des ersten Kapitels vorfreudig das künftige Buchcover ausmalte, wuchs in Judith recht bald die Überzeugung: Das wird nie und nimmer was! Wir werden uns zerstreiten. Wir schreiben nur Unsinn. Die Welt geht unter. Irgendetwas kommt bestimmt dazwischen.

Und doch: Wie du beim Aufschlagen bemerkt hast, existiert dieses Buch. Franz hatte – wie Judith vermerkt wissen möchte: *ausnahmsweise!* – recht. Aber der Reihe nach: Wer sind Judith und Franz eigentlich?

Wir sind zwei Menschen, die zwar einen sehr unterschiedlichen Blick auf die Wirklichkeit haben, sich aber an denselben Themen abarbeiten. Seit einem Jahrzehnt sind wir befreundet – seit dem

Moment, als wir uns im Studium kennenlernten und feststellten, dass uns zwar vier Jahre Lebenserfahrung trennen, uns aber Kindheitserinnerungen an das niederbayerische Landleben und der damit einhergehenden Sehnsucht nach Ferne und Weite umso mehr zusammenschweißen. Uns verbindet aber auch etwas, auf das wir lieber verzichtet hätten: der Krebs. Judith erkrankte 2020 mit 37 Jahren an Brustkrebs. Franz' Vater starb im selben Jahr an einem Prostata-Karzinom, was auch die Erinnerungen an Maxi wieder sehr präsent werden ließ – Franz' Verlobte, die mit Mitte zwanzig dem Nebennierenkrebs erlag.

Mehr als einmal haben wir uns gewünscht, vor alledem einfach nur weglaufen zu können. Aber so funktioniert das nun mal nicht. Das Leben ist voller Krisen – persönlichen, aber auch soziopolitischen –, und man kann sich nicht immer wegducken. Andererseits fällt uns aber auf, dass insbesondere in den sozialen Medien eine Rhetorik in Mode gekommen ist, die von uns verlangt, die größte Scheiße mit offenen Armen zu empfangen: »Mach das Beste draus« oder »Du bist deines Glückes Schmied«. Wir sind uns sicher: Das kann nicht die Lösung sein. Der schöne Schein ist nämlich oft ein ziemlich mieses Schwein. Die heute schier omnipräsenten und vor aufgesetzter Positivity strotzenden Kalendersprüche verharmlosen die Tragweite der Krisen, die wir erleben, indem sie ernste Themen mit einem ästhetisierenden Filter überziehen. Das macht Menschen mit Problemen zu Schuldigen: Kein Geld auf dem Konto? Das liegt allein an deinem fehlenden Gewinner-Mindset! Keine Kraft, heute unter Leute zu gehen? Reiß dich zusammen! Fünfzig Sit-ups wieder nicht geschafft? Offenbar bist du einfach ein Loser.

So was macht uns wütend. Wir wollten darüber sprechen. Also riefen wir einen Podcast ins Leben: *Hallo Ernstfall* begann im November 2020 als Tagebuch von Judiths Krebstherapie. Im Zwei-

Wochen-Rhythmus redeten wir über Ängste und Hoffnungen, über die kräftezehrende Chemo, eingefrorene Eizellen und den hinterhältigen Hormonentzug. Praktisch live vom Krankenbett und ohne Happy-End-Garantie.

Irgendwann fingen wir an, über unsere persönlichen Krisen hinauszublicken und uns zu fragen, was es in unserer durchoptimierten Gesellschaft heißt, schwach zu sein, und wie man trotzdem nicht den Mut verliert. Unsere Gespräche drehten sich zunehmend um die eine Frage, die schon Immanuel Kant beschäftigte: Was darf ich hoffen? Ohne Hoffnung ist der Mensch schließlich verloren; aber mit plattem Optimismus-Singsang kommt man durch keine Krise. Deshalb haben wir uns auf die Suche gemacht: nach einem Grund zur Hoffnung, der auch Skeptikerinnen und Skeptiker überzeugt.

Wir glauben, dass wir fündig geworden sind.

EINS

Gute Miene, böses Spiel

Judiths Wutanfall

» Ich mag keine lachenden Chemopatientinnen. Ich weiß, das klingt nach einem Gedanken, den niemand ernsthaft denken kann, einem richtigen Arschloch-Gedanken. Aber ich meine das ernst.

Ich habe selbst eine Chemotherapie hinter mir, und bestimmt habe ich währenddessen auch mal gelacht. Man kann ja nicht durchgehend *nicht* lachen. Irgendwie muss man sich schließlich die Zeit vertreiben. Immerhin dauert es Stunden, bis das orange Gift in einen hineingesickert ist. Eine Chemotherapie ist nämlich genau das: eine Reihe von Giftspritzen. Sie sollen die bösartigen Zellen plattmachen, und man hofft, dass der Rest des Organismus irgendwie mitspielt. Als würde man mit einer Abrissbirne eine Motte erschlagen wollen. Klingt mittelalterlich, ist aber immer noch der *state of the art* in der Krebsbehandlung.

Eigentlich ist jeder Mensch zu beglückwünschen, der es schafft, da bei guter Laune zu bleiben. Und trotzdem – bei mir lösen dauerlächelnde Chemopatientinnen auf den Covern von Klinik-Broschüren oder Krankenkassen-Magazinen Unwohlsein aus. Noch schlimmer wird es dort, wo ich vor allem während meiner Therapie einen Großteil meiner Zeit verbracht habe: auf Social Media.

Krebs kriegt man erst im Alter – denken jedenfalls die meisten. Früher stimmte das im Wesentlichen auch. Die sozialen Netzwerke der Patienten beschränkten sich damals auf den Stammtisch in der Kneipe oder das Pläuschchen an der Bäckereitheke. Heute ist das anders. Krebs ist zwar immer noch vorwiegend eine Krankheit der Älteren, aber auch immer mehr jüngere Menschen sind betroffen.[1] Das gilt zum Beispiel für meinen Krebs, den Brustkrebs. Viele junge Erkrankte gehen in den sozialen Medien offensiv mit dem Thema um: in Krebsblogs, themenbezogenen Instagram-Profilen und Youtube-Kanälen der Cancer Community.

Das ist eine gute Sache. Auch ich habe davon profitiert und bin dankbar dafür. Ich konnte Erfahrungen austauschen, habe emotionale Unterstützung bekommen und bin auf Menschen gestoßen, denen ich bestimmte Gefühlszustände – und seien sie noch so düster – nicht erklären musste, weil sie sie selbst nur zu gut kannten. Ich mache das bis heute.

Es gibt aber auch eine Schattenseite. Ich muss in diesem Zusammenhang immer wieder an den Typus »Frau ohne Haare« denken. Sie läuft mir regelmäßig über den Weg, wenn ich in sozialen Medien unterwegs bin. Ihre Fotos sind oft in Schwarz-Weiß gehalten, um zu signalisieren: Achtung, jetzt wird's ernst. Und tatsächlich steckt manchmal eine tiefe, aufrichtige Botschaft in solchen Postings. Oft lauert hinter seltsam beseeltem Lächeln und dickem Make-up aber auch nur mit Produktwerbung gespickter Clickbait. »Ihr seid alle wunderschön«, »Lachen ist die beste Medizin« oder »Believe and you will be healed«: Für mich als Betroffene fühlen sich solche Postings an wie zu kleine Pflaster, die man auf eine klaffende Wunde klebt. Noch schlimmer wird's im Kommentarbereich. Dort ist der Hype zu Hause: »Wow, Beautyqueen, Herzchen-Emoji!«, »Du bist voll die Superheldin!«, »Positive thinking, girl!«. Und wer positiv denkt, der hat den Krebs praktisch schon besiegt! Strahlentherapie durch strahlende Augen, gewissermaßen.

Spätestens da reicht's mir dann.

Ich lehne mich mal weit aus dem Fenster und sage: Kein Mensch, der mitten in einer Chemotherapie steckt, sieht supergut aus. Warum auch? Dein Körper wird einer enormen Strapaze unterzogen, und es ist mehr als okay, wenn man dir das auch ansieht. Klar, du kannst dich vielleicht schminken, eine Perücke aufsetzen, dich aufstylen. Das hat alles auch seine Berechtigung. Mach, was dir guttut, keine Frage. Auch ich war manchmal einfach froh, mir das Elend im Spiegel nicht ganz so genau anschauen zu müssen. Zu Beginn meiner Krankheit habe ich mir sogar überlegt, ob ich alle Spiegel in der Wohnung abhänge. Völliger Quatsch natürlich, denn irgendwann kommt der Moment, in dem du die eigene Reflexion dann doch irgendwo siehst – im Fenster, im dunklen Laptop-Bildschirm. Und das Gesicht, das dir da entgegenstarrt, hat so gar nichts zu tun mit dieser lachenden Hochglanzdame, die so wirkt, als sei Brustkrebs einfach der neueste heiße Scheiß in der Selbsterfahrungsszene, irgendwo zwischen Südamerikareise und Yoga-Retreat.

Manchmal frage ich mich, wie es so weit kommen konnte, dass jetzt auch Krankheiten geradezu Style-Accessoires sind: Hashtag #breastcancer, rosa Awareness-Schleifchen dran, zack, fertig ist das Betroffenheitsposting. Vielleicht täusche ich mich auch und das war schon immer so – nur dass ich das früher nicht so mitbekommen habe, weil ich eben nicht mit schlimmen Krankheiten konfrontiert war. Vielleicht aber auch, weil ich einfach keine Klatschblätter lese. Die nämlich haben schon lange vor den sozialen Medien alle möglichen Krankheitsgeschichten zelebriert: »Drama um [Promi-Name]! So tapfer kämpfte sie gegen [sehr furchtbare Krankheit]. Doch jetzt ist sie zurück und zeigt sich im frechen Kurzhaarschnitt am Strand.«

Merke: Solche Frisuren haben am besten »frech« zu sein, mindestens aber »praktisch«, oder welche Liebestöterwörter einem sonst noch so einfallen.

Brustkrebs scheint eine echte Promikrankheit zu sein. Du musst nur kurz googeln, und egal welchen Film- oder Musikgeschmack du hast – es wird ziemlich sicher jemand dabei sein, den du kennst. Beispiel gefällig? Jane Fonda, Cynthia Nixon, Julia Louis-Dreyfus, Anastacia, Kylie Minogue, Christina Applegate – die letzten drei erkrankten übrigens alle etwa mit Mitte dreißig. Ihr Schicksal, ihre Erkrankung: Hollywood-tauglich.

Wahrscheinlich gab es schon immer Leute, die sich aufgegeilt haben an solchen Krankheits-Plots mit Katastrophe und Katharsis. Phönix-aus-der-Asche-Storys sind einfach zu allen Zeiten ein Renner. Heute entstammen sie allerdings nicht mehr nur der Feder einiger sensationslüsterner Heftchenredakteure. Im Zeitalter der sozialen Medien kommen die Geschichten von den Betroffenen selbst. Das macht es noch problematischer, sich darüber aufzuregen. Man will ja nicht unsensibel sein.

Ich rege mich trotzdem darüber auf. Mich trifft das alles nämlich an einer wunden Stelle. Gerade an Tagen, an denen ich einfach mal nichts vom Krebs hören will. Dann werde ich sehr vorsichtig. Intuitiv halte ich dann immer schon Ausschau nach bestimmten Triggern: besagte Frauen mit Glatze oder Schlagwörtern wie »starke Frau« oder »Kämpferin«.

Neulich auf der Couch blätterte ich mich durch den Werbeprospekt einer Schuhfirma. Eine Überschrift lautete: »Nimm, was das Leben dir gibt!« In Kursivschrift wurde ich sogleich aufgefordert, doch mal das »inspirierende« Interview mit der Abgebildeten zu lesen. »Inspirierend«, auch so ein Wort, bei dem Vorsicht geboten ist. Im Klartext heißt das: Da kann jemand was, das du dir besser auch mal schnell aneignest. Die kriegt es ja auch hin. Erzählt wurde dann auf zwei Seiten die Story einer Frau, die neben einer Hirnblutung auch noch zweimal Brustkrebs hatte. Die Moral von der Geschicht, die erstaunlich wenig mit Schuhen zu tun hat: »Sieh in den schwierigen Dingen eher das Positive als das Negative!« Willkommen in den Zwanzigern des neuen Jahrtausends, wo lebensbedrohliche Erkrankungen »schwierige Dinge« sind und man doch bitte mal auf die Sonnenseite des Lebens schauen sollte.

Das scheint im Übrigen auch für die Zeit nach der Akuttherapie zu gelten. Da werden am letzten Chemotag Partys geschmissen – geradeso, als sei man zu diesem Zeitpunkt mit einem Fingerschnippen unmittelbar wieder auf eben jener Sonnenseite gelandet. Also ich hatte nach den Zyklen nur ein Ziel: so schnell es geht nach Hause und da vielleicht noch etwas essen, bevor die Übelkeit einsetzt und dann wieder tagelang Nahrungsmittel zum Feind werden. In der Nacht vor meinem ersten Nachsorgetermin konnte ich nicht schlafen vor Panik, dass wieder ein Tumor gefunden werden könnte; als der Tag glücklicherweise ohne Hiobsbotschaften endete, war ich einfach nur fertig. Offenbar ganz anders als Patientinnen, die im Netz ihre neu gewonnene Krebsfreiheit mit Tanzvideos feiern. Die emphatischen Posts lauten dann in etwa: »Yay! Erste Nachsorge erledigt – check! Ich bleibe gesund, denn der Glaube daran ist tief in meinem Herzen verwurzelt. #PositiveMindset« Ich wage zu bezweifeln, dass sich Krebszellen von diesem Glauben überzeugen lassen. Soviel ich weiß, sind die Dinger ziemlich resilient, und es ist recht unwahrscheinlich, dass auch noch so festes Daumendrücken bewirken kann, woran selbst ionisierende Präzisionsstrahlen und hoch dosierte Zytostatika gelegentlich scheitern.

Wenn ich so etwas denke, tritt sofort mein innerer Kritiker auf den Plan. Ich frage mich, was die Menschen, die das hier lesen, mir entgegnen würden. Vielleicht so was wie: »Sei nicht ungerecht! So ein Optimismus hilft vielen Menschen durch schwere Zeiten, das musst du ihnen doch nicht miesmachen.« Wer etwas mehr Anteil nimmt, möchte mir vielleicht eine verbale Kuscheldecke umhängen und mit verständnisvoller Stimme flüstern: »Ich denke, du hast deine Erlebnisse noch nicht ganz verarbeitet. Aber in der Rückschau wirst du das alles bestimmt positiver sehen.« Oder, in der etwas rabiateren Variante: »Lenk dich doch mal ab, ja? Immer diese Krankheitsgeschichten, das tut dir doch nicht gut. Was du brauchst, ist Normalität – dann geht's dir auch besser.«

Im Kern wären das Argumente *ad hominem* – Scheinargumente, die mich als die Person, die die Gegenposition vertritt, unmöglich machen wollen: Hör nicht auf die Krebskranke, die ist in einer Ausnahmesituation. Das wäre zwar nicht die feine englische Debattierschule, aber natürlich stimmte es zum Teil. Ja, meine Sicht auf die Realität ist getrübt von der Tatsache, dass es mir während meiner Krebstherapie miserabel ging und mich Menschen, die allzu luftiglocker mit ihrer eigenen Krebserkrankung umgehen, traurig, zornig und – geb ich gern zu – auch neidisch machen. Doch abgesehen davon, dass ohnehin niemand einen ungetrübten Zugang zur Realität hat, auch kein Gesunder, bin ich mir mittlerweile sicher: An meiner Wut ist was dran. «

Willkommen im neuen Biedermeier

Vielleicht hast du dich schon einmal bei einem ganz ähnlichen Gedanken ertappt und warst genervt von überzogener Fröhlichkeit. Starten wir also mit der Frage, um die Judiths Wutanfall kreist: Ist es okay, lachende Chemopatientinnen schrecklich zu finden?

»Probleme sind nur dornige Chancen«, sagte einst Christian Lindner, seinerzeit gründungsfreudiger Abiturient, heute Finanzminister, einem Reporterteam in die Kamera. Er hat dafür später viel Spott geerntet, und wir glauben, dass es da eine Parallele zu dem gibt, was bei Judith Happiness-Brechreiz auslöst. Denn wenn man meint, alles so *framen*, also in einen begrifflichen Rahmen setzen zu können, dass am Ende etwas Positives herauskommt, welchen Sinn hat negatives Vokabular dann überhaupt noch? Anders gesagt: Wenn es nur Chancen und dornige Chancen gibt, wo ist dann noch Platz für Scheiße, Mist und echtes Scheitern?

Zu sagen, man müsse in allem das Positive sehen, hat eine gefährliche Kehrseite. Daraus folgt ja auch: Wenn etwas schlecht ist in deinem Leben, liegt das nicht an der Welt, sondern einfach nur an *deiner* falschen Haltung. Im Zusammenhang mit einer schweren Krankheit wie Krebs führt das dazu, dass Menschen, die ohnehin körperlich leiden, eine zusätzliche psychische Bürde auferlegt wird: Schuldgefühle. »Dir könnte es besser gehen, wenn du deine Erkrankung, zumindest aber deine Therapie endlich als Chance begreifen könntest!«

Das ist fahrlässig und für viele Menschen in dieser Situation überfordernd. Viele kämpfen ohnehin schon mit einem Wust an unproduktiven Schuldgefühlen: Sie fragen sich, ob sie ihre Krankheit hätten vermeiden können, wenn sie anders gehandelt hätten. Und klar, wer vierzig Jahre lang zwei Schachteln Filterlose am Tag geraucht hat, bei dem ist die Kausalkette hin zum Lungenkrebs vielleicht nicht ganz so nebulös wie bei manch anderen. Aber die allermeisten Fälle sind weniger eindeutig. Nicht nur Ärzte, sondern auch Freunde und Bekannte fragen die betroffene Person oft nach der familiären Vorbelastung, wenn sie von einer Krebsdiagnose erfahren. Für Außenstehende macht es das einfacher: »Aha, der Onkel hatte das auch schon, na, dann ist ja klar, woher das bei dir kommt.« Bei Betroffenen setzt sich indes das Gedankenkarussell in Bewegung: »Ich hätte es wissen müssen! Ich hätte schon früher zur Vorsorge gehen sollen! Ich hätte das verhindern können!« Dabei ist die Erkrankung vielleicht einfach dem Zufall geschuldet oder zumindest einem Zusammenwirken unzähliger Faktoren, das niemand hätte vorhersagen und das im Nachhinein niemand wird rekonstruieren können.

Und dann gesellt sich zu dieser ohnehin schon schwierigen Gemengelage auch noch die Vorstellung hinzu, alles, was schlecht läuft, sei einfach nur ein Mentalitätsproblem. Man kennt das aus dem Alltag. Bundesligaspiel verloren? Da waren die Spielermillionäre wohl nicht mit genug Biss bei der Sache. Mit Depression regungslos im Bett? Du musst halt mal wieder rausgehen und das Leben genießen. Erschöpfung nach Krebstherapie? Wenn du mehr Sport machen würdest, wärst du freier im Kopf.

Wenn, ja *wenn* das so einfach ginge.

Die Heilsfantasie der Gegenwart ist die Vorstellung, man könne komplexe Sachverhalte auflösen, indem man an nur einer *einzigen* Stellschraube dreht. Man findet sie in den unterschiedlichsten Kreisen. In der heilen Welt des Schlagers lösen Liebe, Herz und Leidenschaft alle Beziehungssorgen auf. Und Technologie-Jünger glauben, jedes Gegenwartsproblem ließe sich »ganz einfach« mit dem entsprechenden Algorithmus bewältigen.

Ein ähnlicher Wellengang herrscht auf dem Meer aus Selbsthilfeliteratur und Life-Coaches. Auch da setzt man auf schlichte Formeln. Negative Haltung? Husch, die zaubert dir ein wenig Self-Help mit einer gehörigen Prise Self-Care schnell weg. Was früher mal »Duschen« hieß, ist jetzt eine »Pamper Shower«, also ein Akt der Selbstfürsorge, der mit den hygienischen Absichten, mit denen unsere Eltern noch in die Wanne stiegen, nicht mehr viel zu tun hat. Dafür steht ein ganzes Arsenal an Produkten bereit.

Duftkerzen, Badezusätze, Superfoods – die Liste der Dinge, die das Bankkonto nach unten und die Glückskurve angeblich steil nach oben reißen, ist lang. #Retailtherapy hashtaggt sich das dann und ist die genderneutrale Variante des Frauen angedichteten Schuh-Shopping-Fetischs. Stöckelten Carrie Bradshaw und ihre Freundinnen bei *Sex and the City* noch mit High Heels übers New Yorker Pflaster, feiert spätestens seit der Pandemie der Rückzug aufs Land mediale Urständ.

Und da betreten jene Influencer die Bühne, die sich dem Cottagecore verschrieben haben – einer Bewegung, die vor allem in den sozialen Medien stattfindet und sich an der Ästhetik der Landlust ergötzt. Die Natur! Das einfache Leben! Herrlich. Ein gutes Vollkornbrot, mehr braucht's nicht. Also, natürlich schon selbst gebacken! Und dann vielleicht noch ein schnuckeliges Landhaus und ein Paar von diesen entzückenden Designergummistiefeln. Und so eine Spiegelreflexkamera mit Stativ wär auch nicht schlecht, damit kann man den Sonnenaufgang noch schöner einfangen. Ach ja, nicht zu vergessen: ein thematisch sortierter Kleiderschrank, so nach dem Motto »englischer Lord meets finnische Elfe«. Und dann einfach in den Tag hineinleben. Und alles minutiös dokumentieren, wir sind schließlich nicht zum Spaß hier.

Die Cottagecore-Bewegung erinnert an die Strömung des Biedermeier. Auch damals, Mitte des 19. Jahrhunderts, hielt eine hausbackene Gemütlichkeit Einzug, die sich im Lebensstil ausdrückte, sich aber auch in Kunst und Kultur ihren Weg bahnte. Der Unterschied: Damals ging es den Akteuren darum, die eigene Welt davor zu bewahren, aus den Fugen zu geraten – die gut situierten Schichten waren verunsichert von den neu aufkeimenden revolutionären Bestrebungen und bangten um ihren brokatigen Chaiselongue-Wohlstand. Heute, beim Cottagecore, ist es andersherum: Die Welt ist schon längst aus den Fugen geraten, und jetzt geht es darum, sich vor dieser Welt in Schutzräumen der Einfachheit zu verstecken – und dann allen da draußen davon zu erzählen. Weltflucht nach vorn, gewissermaßen.

Die Realität von Krieg in Europa, Pandemiefolgen und Klimawandel zu verdauen ist nicht leicht. Eskapismus liegt da nahe: einfach mal die Ängste in Omas Marmeladengläser einwecken. Vielleicht kommen die da irgendwann wieder raus, aber bis es so weit ist, liefert das häusliche Tun erst mal Trost und Ablenkung. Man zieht sich aufs Ich zurück und ersetzt die Arbeit an der Welt mit der Arbeit am eigenen Mindset. Die ist zwar immer noch anstrengend, aber auch ein ganzes Stück überschaubarer – gerade dann, wenn man sich an einfachen Mantras festhält: »Du kannst kein positives Leben mit einem negativen Geist führen«, »Good vibes only«, »Train your mind to see the good in everything«. Wer so denkt, dem muss alles, was jenseits der gelebten Positivität liegt, als pathologisch gelten. Negative Gefühle gehören dann nicht mehr zu uns, wie unsere Hand, unser kleiner Zeh und unsere Nasenspitze zu uns gehören, sondern höchstens noch so wie ein Geschwür oder ein fieser Ausschlag: Ist zwar da, aber besser wär's ohne.

Die Vertreter dieser Überzeugung holen als Gewährsleute dann alle möglichen Geistesgrößen aus ihren Gräbern, von Marc Aurel bis Mahatma Gandhi. Die Komplexität ihrer Werke und Äußerungen wird auf die eine Botschaft eingedampft: »Glaub dran, dann wird's schon – think positive and positive things will happen.« Da möchte man doch am liebsten mit einem anderen Internet-Meme dagegenhalten: »No bullshit. Just booze and good coffee.«

Einige treiben es so weit zu glauben, das Beschwören einer Sache führe automatisch zum gewünschten Erfolg. Wenn nicht, dann hat man nicht fest genug daran geglaubt. Um das Ganze etwas plausibler wirken zu lassen, wirft man noch ein paar Magnetfelder und Gedankenschwingungen in den Mix, und schon landet man beim magischen Denken. Das war früher der kindlichen Fantasie vorbehalten, heute aber propagieren Bestseller wie *The Law of Attraction* oder *The Secret* diese als »Manifestation« bezeichnete »Technik«. Tobias Haberl formuliert es in seinem Buch *Die große Entzauberung* so:

> *Wir haben damit begonnen, die Wirklichkeit zu modifizieren, um sie besser ertragen zu können. Dafür blenden wir die Vorstellungen aus, die unseren Vorstellungen im Wege stehen. Im Gegenzug haben wir aufgehört, uns dafür zu interessieren, wie sie wirklich ist.*[2]

Die fröhlich aufgekratzte Oberflächlichkeit zeigt sich in allen möglichen Bereichen des Alltagslebens. Dabei gibt es doch wahrlich Schlimmeres als gut gelaunte Menschen, könnte man einwenden. Und doch kann einen etwas daran irritieren. Klar, wenn jemand dauernd Freude und Zuversicht predigt, ist er wahrscheinlich ein schlechter Prognostiker – immerhin wissen wir alle, dass das Leben nicht nur voller Lottogewinne und nach Rosen duftender Liebesbriefe ist. Aber das allein ist es noch nicht. So jemand liegt nicht nur häufig faktisch falsch, sondern er vergiftet auch das Miteinander.

Das festgetackerte Lächeln

Fragt man die Psychologen, dann verfestigt sich dieser Eindruck. Viele von ihnen kämpfen nämlich seit Jahr und Tag gegen die Lehre des positiven Denkens. Angefangen hat das schon vor mehr als siebzig Jahren. 1952 veröffentlichte der US-Amerikaner

Norman Vincent Peale das Buch *The Power of Positive Thinking*, zu Deutsch *Die Kraft des positiven Denkens* – eine Selbsthilfe-Anleitung mit enormem Publikumserfolg. 186 aufeinanderfolgende Wochen rangierte das Buch in der Bestsellerliste der *New York Times*, 20 Millionen Mal wurde es weltweit verkauft. Und das, obwohl – oder gerade weil – es nicht viel mehr enthält als Sinnsprüche. »Tu alles langsamer, weniger hektisch und ohne Druck«: Einfach mal entspannt bleiben, dann geht alles leichter. Laut Peale kann man seinen Lebenserfolg steigern, indem man immer das Beste vom Leben erwartet. »Glaub an dich!«, schreibt er und greift damit auf den Klassiker unter den Motivationsmantren zurück.[3] Doch hält das positive Denken einer wissenschaftlichen Überprüfung stand?

Martin Seligman ist einer der bekanntesten Psychologen der USA. Er ist Professor an der University of Pennsylvania und war Präsident des weltgrößten Psychologenverbandes, der American Psychological Association. Als einer der wichtigsten Vertreter der »Positiven Psychologie«, die sich im Gegensatz zur auf die Therapie von Störungen gerichteten psychologischen Tradition auf die angenehmen Seiten des menschlichen Lebens konzentriert, steht er nicht gerade im Verdacht, ein Miesepeter zu sein. Doch selbst er ist auf das Konzept des positiven Denkens im Sinne Peales nicht gut zu sprechen. Aus seiner Sicht ist es unsinnig, Affirmationen wie »Ich werde jeden Tag und in jeder Hinsicht immer besser« im eigenen Kopf hin und her zu wälzen, zumal es gar keine Belege für deren Wirksamkeit gibt. In einem seiner Bücher, *Learned Optimism*, betont Seligman etwa, die psychologische Forschung habe gezeigt, dass »das bloße Wiederaufsagen positiver Inhalte die Stimmung kaum bis gar nicht hebt und einen auch nicht erfolgreicher macht«.[4]

Norman Vincent Peale hingegen war seinerzeit überzeugt, man komme besser durchs Leben, wenn man nicht nur an sich glaube, sondern auch beständig die Überzeugung wiederhole, man habe Gott an seiner Seite.

Gott?

Richtig gelesen. Peale arbeitete als Pfarrer in New York und hatte sich zum Ziel gesetzt, seine Radikalpositivität mit einer praktisch anwendbaren Theologie zu verweben: Durch Selbsthypnose und die Auslöschung negativer Gefühle sollte Gottes Macht »kanalisiert« werden. Doch mit dem Glauben ist das so eine Sache. Er erfordert – das wusste schon der Philosoph Søren Kierkegaard – einen gewagten Sprung heraus aus der Welt von Begründbarkeit und Rationalität. Also volle Kraft voraus: mit blindem Vertrauen hinein ins Ungewisse. »Der Glaube beginnt da, wo das Denken aufhört«, heißt es bei Kierkegaard. Wer glaubt, muss nicht nach Evidenz in der Wirklichkeit suchen, denn er hat sich eben zum Glauben *entschieden*. Der Glaube ist nicht falsifizierbar, das heißt, es gibt kein Ereignis oder keine Erkenntnis über die Beschaffenheit der Welt, die imstande wäre, den entschlossenen Gläubigen zum Nichtglauben zu bringen.

Friss oder stirb: So ähnlich verhält es sich auch mit Peales Lehren, der als Belege für seine Behauptungen nur flüchtige Anekdoten und Bibelverse ins Feld führte. Der Gottesglaube, schreibt der Psychotherapeut Günter Scheich in *»Positives Denken« macht krank*, werde bei Peale für ausschließlich irdische Zwecke instrumentalisiert, er werde »auf geradezu unerträgliche, ja blasphemische Art mit beruflichem und wirtschaftlichem Erfolg verknüpft«.[5] Das Streben nach Erlösung im stillen Gebet sei Peale einfach zu unproduktiv gewesen, deshalb habe er sich in seiner Theologie lieber aufs Reichwerden konzentriert, mokiert sich auch der Physikprofessor Robert Park, der sich in dem Buch *Superstition* eingehend mit Pseudowissenschaft und Aberglauben beschäftigt hat.[6]

Theologie und Selbstmotivation in einem: Man könnte das als kuriose Fußnote der Nachkriegsgeschichte abtun, aber das wäre zu kurz gedacht. Denn obwohl heute im Motivationsbereich eher weniger die Pfarrer und Bischöfe den Ton angeben, ist der Fall Peale lehrreich. Immerhin gehört es immer noch zum Standardrepertoire auch der ganz und gar nicht religiösen Erfolgsprediger, von den Zuhörern blindes Vertrauen zu verlangen – am besten inklusive Bucherwerb und kostspieligem Seminarbesuch. So reicht der Einfluss von *Die Kraft des positiven Denkens* bis heute, und das gilt ganz besonders für die darin beschriebene Technik der Affirmation, bei der man positive Leitsätze so lange wiederholt, bis man sie selbst glaubt: *Alles ist möglich* prangt auf einem Buch des Motivationsgurus Jürgen Höller. *Ich kann das,* will uns der Unternehmer und Redner Bodo Schäfer glauben machen. *Unbesiegbar* sollen wir uns fühlen, wenn es nach dem Persönlichkeitstrainer Christian Bischoff geht.

So funktionieren im Übrigen nicht nur Geschäftsmodelle, bei denen die Motivation selbst das Produkt ist, sondern auch solche, bei denen der Rückgriff auf die Positivitätsrhetorik lediglich als psychologisches Bindemittel fungiert, um sich eine gefügige Jüngerschar aufzubauen, die man dann abkassieren kann. So hat der *Spiegel* vor einiger Zeit über sogenannte Online-Trader-Akademien berichtet, die Teenager mit der Aussicht auf schnelles Geld an der Börse locken – eine Art Pyramidensystem, das darauf beruht, die Kandidaten in Kursen für »das richtige Mindset« gehirnzuwaschen. Diese Kurse seien, schreiben die *Spiegel*-Autoren, meist billig gemachte Motivationstrainings:

> *»Bleib immer positiv«, heißt es darin. »Der Einzige, der dich stoppen kann, bist du selbst.« Man soll täglich Affirmationen aufsagen. Ohne T-Shirt in den Schnee gehen. Bücher lesen wie »Rich Dad Poor Dad«, das reguläre Arbeit abwertet.* [7]

Am besten ganz groß denken, dann wird das schon.

Das große Versprechen lautet: Wer sich zum positiven Denken zwingt, ist erfolgreicher. Das klingt so schön. Aber es deckt sich nicht mit der Forschung. Und auch nicht mit unserer Erfahrung. Die sagt eher: *Nüchternheit* ist die Versicherung, die dir durch existenzielle Krisen hilft. Du kannst dir nicht dauernd was vormachen. Wenn du dir alles so einrichtest, wie es sich am angenehmsten anfühlt, kommt trotzdem irgendwann ein kräftiger Windstoß, der dein weltanschauliches Kartenhaus aus lauter Assen zusammenfallen lässt. Abgesehen davon ist es ja gar nicht so, dass man sich für den Glauben an eine gute Zukunft einfach *entscheiden* kann, jedenfalls wenn man ein bisschen was im Kopf hat. In dem Zusammenhang ist eine These von Martin Seligman besonders bemerkenswert. Sie besagt, dass Bildung und positives Denken keine gute Kombination sind:

> *Wenn es Ihnen gelingt, »Booster«-Statements [also Affirmationen im Sinne des positiven Denkens von Peale] einfach so zu glauben, Glückwunsch; aber viele gebildete Menschen, die im skeptischen Denken geübt sind, können mit dieser Herangehensweise nichts anfangen.*[8]

Das heißt nicht, dass es keinen klugen Optimismus gibt – sondern nur, dass Pauschaloptimismus dumm ist. Nachlesen kann man das in *Die Psychologie des Gelingens* von Gabriele Oettingen. Die Psychologin macht darin deutlich: Ja, es gibt durchaus Szenarien, in denen es helfen kann, sich in Tagträume von einer besseren Zukunft zu stürzen. Wenn es zum Beispiel darum geht, als politisch Unterdrückte den Mut nicht zu verlieren oder als wassersuchender Wüstenwanderer irgendwie zu überleben. Oder darum, die unmenschlichen Widrigkeiten eines Konzentrationslagers zu überstehen, indem man sich an den Glauben klammert, dass es ein besseres Morgen geben kann – so, wie es der jüdische Psychiater Viktor Frankl in seinem Erlebnisbericht *… trotzdem Ja zum Leben sagen* beschrieb. Aber solche existenziellen Ausnahmezustände haben nicht viel mit dem Leben der meisten Leute zu tun. Anders sieht es laut Oettingen aus, wenn es darum geht, im Alltag konkrete Schritte abzuarbeiten, um ein bestimmtes Ziel zu erreichen: abnehmen, mit dem Rauchen aufhören, einen Job finden. Da ist es eher von Nachteil, wenn man die Hindernisse ausblendet und sich schon am Ziel wähnt. Dann nämlich geht es eben nicht so voran, wie man sich das wünscht. Man kann das sogar anhand der Antrittsreden von US-Präsidenten nachzeichnen: Je besser die Zukunft war, die sie heraufbeschworen, desto niedriger war die tatsächliche Wirtschaftsleistung in der jeweiligen Amtszeit.[9]

Freilich: Wäre das mit dem positiven Denken kompletter Unsinn, hätte es sich nicht so lange gehalten. Die Sache ist komplizierter. Man stelle sich eine vergiftete Krokantpraline vor: Das Äußere besteht aus einem süßen, wohlschmeckenden Schokoladenguss. Er entspricht den trivialen, aber immerhin zutreffenden Beobachtungen: »Leute, die alles schwarzsehen, werden selten erfolgreich und glücklich.« Deshalb gilt die Devise: Bitte lächeln! Das geht runter wie Öl – oder wie Schokolade eben. Darunter verbirgt sich der Krokant der konkreten Umsetzung: nicht mehr ganz so zartschmelzend und butterweich, aber immer noch lecker. Wer zu dieser Schicht vorgedrungen ist, wird merken, dass der Umkehrschluss aus der Schokoladenschicht nicht funktioniert: Man wird nicht automatisch erfolgreich und glücklich, wenn man optimistisch durch die Welt geht. Oder, in der Sprache der Logik: Ein Mindestmaß an Grundpositivität mag eine *notwendige* Bedingung dafür sein, sie ist aber keine *hinreichende*.

Windige Motivationstrainer sprechen nur über die Schokolade, seriöse Motivationstrainer reden auch über den Krokant. Aber niemand spricht darüber, dass die Praline im Kern vergiftet ist. Das Gift, das sind die sozialpsychologischen Folgen eines illusionären Glaubens an die Kraft des positiven Denkens. Das ist es, was aus Positivität *toxische Positivität* macht.

Stell dir vor, du bist bei einer Freundin zum Abendessen in größerer Runde eingeladen. Deine Tischnachbarn sind Bekannte der Gastgeberin: links Johannes, rechts Thomas. Es gibt Pasta und Rotwein, Tiramisu als Nachspeise, der Abend wird lang und länger, und du unterhältst dich mit den beiden Unbekannten. Johannes erzählt dir, er sei Lehrer und er liebe seinen Beruf, aber in letzter Zeit müsse er sich eher zur Arbeit schleppen. Seit seine Mutter im letzten Herbst gestorben sei, falle es ihm schwer, sich für irgendetwas zu motivieren. Nach dem dritten Glas Rotwein legst du tröstend deinen Arm um Johannes. Er lächelt etwas unbeholfen zurück.

Und Thomas? Von ihm erfährst du, er arbeite in einer Werbeagentur, und dort sei alles »ganz toll« und »superspannend«, die Kunden, die Reisen, die »unglaubliche Kreativität«. Thomas ist ein Entertainer, aber kein Zuhörer. Er hat den ganzen Abend sein unkaputtbares Tausend-Megawatt-Grinsen auf – auch als du von der schweren Krankheit deines besten Freundes berichtest, zu der ihm nur einfällt: »Das wird schon wieder!« Auf der Party erntet Thomas gerne ein beflissenes Nicken hier und da, er steht im Mittelpunkt, Fische mit schillernden Schuppen schaut man eben gerne an. Aber so richtig schlau wird keiner aus ihm.

Wir wissen nicht, wie du dich entscheiden würdest, aber wir würden uns – ein paar Tage später, wenn der Kater vom Rotwein-Gelage abgeklungen ist –, lieber mit Johannes auf einen Kaffee treffen als mit Thomas. Immerhin hat sich Johannes geöffnet und verletzlich gezeigt, hat sein Visier hochgeklappt; anders als Thomas, der Ritter mit der Rüstung aus Positivity, der niemanden an sich herankommen lässt. Johannes' Verletzlichkeit erzeugt paradoxerweise Sicherheit: Er gibt einem das Gefühl, dass es okay ist, man selbst zu sein, mit den Sorgen und Schwächen, die man eben so hat. Unzerstörbare Fröhlichkeit verunsichert hingegen, weil Menschen ahnen, dass dahinter emotionale Untiefen liegen, die der Dauerlächler seinem Umfeld vollständig vorenthalten will.

Wusstest du, dass Kinder schon im Alter von zwei bis vier Jahren lernen, echtes Lächeln von falschem zu unterscheiden? Und bereits Fünfjährige empfinden ein aufgesetztes Lächeln als unsozial.[10] Forscher sprechen in diesem Zusammenhang vom *Duchenne-Lächeln,* also einem Lächeln, bei dem sich nicht nur etwas um die Mundwinkel herum tut, sondern bei dem die Freude oder Belustigung sich auch im Bereich der Augen bemerkbar macht, weil der sogenannte *musculus orbicularis oculi,* der ringförmige Augenmuskel, aktiviert wird. Wer nur mit dem Mund lacht, lacht also nicht wirklich. Das kommt nicht nur beim Umfeld schlecht an, sondern hat auch für die Fake-lächelnde Person selbst Nachteile.

Der Frankfurter Organisationspsychologe Dieter Zapf kann das bestätigen. Er interessiert sich für kundennahe Berufe, in denen Positivität erwartet wird – als Flugbegleiter, im Callcenter oder bei der Deutschen Bahn. In einem Experiment mussten die Probanden spielen, sie seien DB-Serviceberater, die mit einem Kunden konfrontiert werden, der sich beschwert. Eine Gruppe der Probanden bekam nun den Auftrag, durchgehend zu lächeln, egal wie unangenehm das Gespräch verläuft; der zweiten Gruppe hingegen war erlaubt, auch mal negative Emotionen zuzulassen. Das Ergebnis: Der Puls bei den Dauerlächlern war höher, sie waren erschöpfter. Kein Wunder, immerhin kostet das Kontrollieren von Gefühlen große Anstrengung und birgt auf Dauer ein Burn-out-Risiko.[11]

Sich in vorgeblich positive Emotionen zu flüchten ist nicht nur das Problem von Servicepersonal, das zu diesem Verhalten genötigt wird. Viele Menschen tun das freiwillig – es ist eine Vermeidungsstrategie, um sich nicht unmittelbar mit ihren Problemen und Ängsten konfrontieren zu müssen. Psychologen sprechen von *avoidance coping*. Jeder ist mal traurig oder bedrückt, doch manch einer blockiert diese Gefühle mit aller Kraft. Und das ist ungesund, wie eine Studie eines Forscherteams um den US-Psychologen Charles Holahan zeigt. Darin wurden über einen Zeitraum von zehn Jahren 1211 Männer und Frauen im mittleren Alter untersucht. Ziel war es herauszufinden, wie sich der Umgang mit Stress durch vermeidendes Verhalten auf die psychische Gesundheit auswirkt. Das Resultat: Wer in höherem Maße ein solches Vermeidungsverhalten zeigte, hatte im Schnitt mehr akuten, aber auch mehr dauerhaften Stress und war depressionsanfälliger.[12]

Es ist wichtig, Schwächen zuzulassen. Doch das ist leichter gesagt als getan: Der soziale Druck, sich von seiner schillerndsten Seite zu zeigen, ist groß. So kommt eine Studie, die von dem Sozialpsychologen Brock Bastian und seinem Team durchgeführt wurde, zu dem Ergebnis: »Wenn Menschen wahrnehmen, dass ihr Umfeld erwartet, dass sie glücklich (und nicht traurig) sind, führt das bei ihnen zu häufigerer und tieferer Traurigkeit.«[13] Übersteigerte Positivität birgt also im schlimmsten Fall psychische Gefahren.

Das ist weniger ein individuelles als vielmehr ein gesellschaftliches Problem: Wo »Danke, nicht gut« keine akzeptable Antwort ist, sondern eine, die frisiert, versteckt oder kosmetisch aufgehübscht gehört, da ist es schwer, ein authentisches Leben zu führen. Ein Leben, in dem auch düstere Gefühle ihre Berechtigung haben, selbst wenn das heißt, dass man manchmal lachende Chemopatientinnen mit einem weinenden Auge betrachtet.

ZWEI

Keine Hoffnung ist auch (k)eine Lösung

Von der Unvermeidlichkeit des Unperfekten

Gutes kann so schlecht sein. Denn das, was sich unter dem Deckmantel der Positivity verbirgt, ist möglicherweise toxisch.[14] Wer sich dagegen wehren will, kann entweder dem ganzen Feel-good-Game mit widerspenstigem Pessimismus und Melancholie begegnen. In der Kunst war das über Jahrhunderte hinweg eine beliebte Strategie, Stichwort »romantischer Weltschmerz«. Oder man spielt das Spiel mit und versucht es um jeden Preis zu gewinnen. Doch kann das gut gehen?

Stellen wir uns doch mal Folgendes vor: Du kommst gerade von der Arbeit. Ziehst die Schuhe aus, lässt deine Tasche im Gang fallen und wirfst dich erschöpft aufs Sofa. Es war mal wieder einer dieser Tage. Du bist frustriert – der Grund ist dein neuer Kollege. Eigentlich kommst du mit den unterschiedlichsten Menschen gut aus, aber zu ihm dringst du einfach nicht durch. Er gibt sich unkooperativ, egal wie du dich verhältst. Du probierst es auf die verständnisvolle Art – funktioniert nicht. Du zeigst klare Kante – genauso nutzlos. Er scheint einfach ein Problem mit dir zu haben. Als du später am Abend mit einer Bekannten telefonierst und ihr von der Situation erzählst, gibst du dich abgeklärt. Du willst nicht als Jammerlappen dastehen. Alles halb so wild: Klar sei das ein unangenehmer Konflikt, aber an solchen Konflikten müsse man wachsen, sagst du dir. Und überhaupt sei das ja eine tolle Möglichkeit, deine interpersonale Problemlösungskompetenz zu verbessern.

Bullshit.

Niemand mag Konflikte, und das aus gutem Grund. Mag schon sein, dass du an einem Konflikt auch irgendwie wachsen kannst. Aber erst mal ist ein Konflikt ein Konflikt. Und keine dornige Chance. Was heißt das für unser Arbeitskollegen-Szenario? Natürlich gibt es Spannungen, die durch gegenseitiges Verständnis und Aufeinanderzugehen gelöst werden können. Aber in diesem Fall hat die Blockadehaltung des Kollegen vermutlich gar nichts mit dir zu tun. Vielleicht hat er einfach Probleme; vielleicht muss er privat gerade eine schwere Zeit durchstehen, vielleicht hat er viele schlechte Arbeitserfahrungen gemacht. Oder er ist einfach soziopathisch veranlagt, kann ja auch sein. Aber für dich ist das alles egal. An ihm als Mensch kannst du nichts ändern – und kurzfristig auch nichts an der Situation. Klar, langfristig sieht das anders aus: Du kannst dich selbst um eine Veränderung bemühen, kannst kündigen oder wenigstens in eine andere Abteilung wechseln. Oder dafür sorgen, dass er das Feld räumen muss – vorausgesetzt, du bist in der entsprechenden Position, das durchzusetzen. Doch solche Veränderungen brauchen Zeit. Im Hier und Jetzt geht's erst mal ums Ertragen einer spannungsgeladenen zwischenmenschlichen Konstellation.

Egal ob im beruflichen oder im privaten Kontext: Solche Probleme kennt jeder – du bestimmt auch. Sie lassen sich um einiges leichter aushalten, wenn du sie benennst statt verdrängst: »Das ist eine Scheißsituation. Ich komm da momentan nicht raus.«

Also doch lieber mal der Frustration Raum geben. Eine Runde heulen oder eine Runde um den Block rennen – was auch immer du in dem Moment brauchst. Vielleicht bist du dann morgen bei der Arbeit sogar wieder entspannter, weil nicht mehr der Druck auf dir lastet, etwas geradebiegen zu müssen, was sich nicht einfach so geradebiegen lässt. Wenn du deiner Umwelt das Märchen auftischst, du müssest einfach nur an dir arbeiten und schon werde alles gut, dann magst du dich zwar tapfer fühlen – ein schlechtes Vorbild bist du trotzdem. Denn dein Verhalten suggeriert allen anderen, dass sie sich, wenn sie selbst mal in einer solchen Lage sind, lieber auch nicht beklagen sollten. Wenn das alle so machen, ist das Resultat eine Gesellschaft des »Du kriegst das hin!«.

Dieses »Du kriegst das hin!« ist bestimmt oft aufmunternd gemeint. Aber gute Intentionen schützen nicht vor schlechten Folgen. Schauen wir auf die zugrunde liegende rhetorische Figur, das »Ich tu doch nichts, ich rede ja nur«-Manöver. Dieser verbale Schachzug wird gern dann bemüht, wenn jemand sich aus der Verantwortung ziehen will, indem er auf den vermeintlich beschreibenden Charakter seiner Worte verweist. »Du bist aber blass«, »nur so als Feststellung: Dortmund hat gestern zum vierten Mal hintereinander verloren«, »in dreißig Minuten haben wir unseren Termin. Ich sag ja nur«. Dabei ist doch klar, dass diese Sätze zwar der Form nach einen beschreibenden Charakter haben, dem Effekt nach aber nicht neutral ankommen. Sondern eher so: »Du siehst fürchterlich aus«, »Dortmund ist echt ein Loser-Team«, »komm endlich in die Pötte, du Trantüte«. Wenn Menschen mit dieser »Ich tu doch nichts, ich rede ja nur«-Attitüde daherkommen, dann nervt das. Und zwar ganz gleich, ob sie dir ein schreckliches Aussehen attestieren oder ein »Du kriegst das hin!« vor den Latz knallen.

Die Sprachphilosophen J. L. Austin und John Searle haben das in der Mitte des 20. Jahrhunderts in ihren Sprechakttheorien beschrieben. *How to Do Things with Words* heißt Austins zentrales Werk, also »Wie man Dinge mit Worten tut«. Sprechakte sind demnach nicht nur *lokutionärer* Natur, also Äußerungen mit einem bloß beschreibenden Gehalt, oder *illokutionärer* Natur, also Sprachhandlungen mit einem definierten Ziel (wenn ich eine Frage stelle, habe ich das Ziel, eine Antwort darauf zu erhalten). Sondern sie haben auch einen *perlokutionären* Aspekt, also eine umfangreiche Wirkung auf die Empfängerperson – egal ob beabsichtigt oder unbeabsichtigt.[15]

Welche Wirkungen können das sein? Der Germanist Sven Staffeldt hat sich das mit Blick auf die deutsche Sprache überlegt und nennt drei Klassen von perlokutionären Wirkungen. Erstens erzeugen Sprechakte *Gefühle*: Sie erfreuen zum Beispiel, sie diffamieren, sie ängstigen, sie amüsieren. Zweitens erzeugen sie *Absichten*: Mit ihnen kann man jemanden breitschlagen, sich etwas erschwindeln, jemanden aus der Defensive locken oder vertrösten. Und drittens können sie einen *Glauben* erzeugen: Jemandem wird etwas eingeredet, jemand wird getäuscht, aufgeklärt oder überzeugt.[16]

Die Wirkungen, die Staffeldt skizziert, sind alle auch bei der übersteigerten Positivität am Werk. Wer ständig darum bemüht ist, allem einen positiven Dreh abzunötigen, erzeugt bei jenen Rezipienten, denen es schlecht geht, den *Glauben*, sie dürften ihre negativen Gefühle nicht zulassen. Das führt zu einem *Gefühl* der Unzulänglichkeit, und daraus resultiert dann die *Absicht*, sich künftig die eigene Niedergeschlagenheit nicht mehr anmerken zu lassen. Ich tu doch nichts, ich rede ja nur? Von wegen. Natürlich, du redest nur. Aber deine Rede hallt in den Köpfen anderer Menschen nach; sie beeinflusst das, was sie ihrerseits sagen und, ja, auch *tun*.

Die Psychotherapeutin Whitney Goodman hat in diesem Zusammenhang die Fotoplattform Pinterest genauer unter die Lupe genommen. Dort finden sich neben Do-it-yourself-Inspirationen und Shopping-Tipps vor allem toxisch positive Sinnsprüche à la »Du musst in allem das Gute sehen«. Goodman zeigt demgegenüber, wie ein gesunder Umgang mit Krisen aussehen könnte: Statt »Das wird schon wieder!« sagt sie lieber: »Das ist jetzt hart für dich. Aber du hast in der Vergangenheit Schwierigkeiten gemeistert.« Und statt »Gib niemals auf!« sagt sie: »Manchmal ist es okay, aufzugeben. Wie, denkst du, würde diese Situation denn idealerweise gelöst werden?«[17]

Goodman hat dem Thema ein ganzes Buch gewidmet: In *Toxic Positivity* liefert sie Belege aus ihrem Therapiealltag, die zeigen, dass »gut gemeint« tatsächlich »psychologisch bedenklich« bedeuten kann. Sie erzählt unter anderem die Geschichte der Familie Fernandez, die eines Dienstagmorgens aufgelöst in ihrer Praxis erschien. Der 23-jährige Sohn war am Wochenende bei einem Bootsunfall ums Leben gekommen, und nun rang die in ihrer Schockstarre geeinte Familie – eine Tochter im Teenageralter, ein jüngerer Sohn, die Mutter und der Vater – um Antworten: Wie kann so etwas passieren? Wie kann ein Leben Sinn haben, das solch unsagbaren Schmerz zulässt? Der Vater erzählt, er habe Trost in seiner örtlichen religiösen Gemeinde gesucht. Dort habe man ihm vermeintlich Aufmunterndes mit auf den Weg gegeben: »Das, was passiert ist, ist Teil eines göttlichen Plans«, »er ist jetzt bestimmt an einem besseren Ort«, »alles passiert aus einem Grund«.[18]

Man kann sich vorstellen, dass das nicht sehr hilfreich ist. Will man wirklich an einen Gott glauben, dessen *Absicht* es ist, einen 23-Jährigen einfach so aus dem Leben zu reißen? Was soll das für ein Plan sein, welchen Zweck soll das erfüllen? Und wieso sollte ein ominöses Jenseits ein besserer Ort für einen jungen Menschen sein als das Diesseits, inmitten einer liebenden Familie? Religionen, deren Theologie auf der Allmacht und Güte Gottes aufbaut, stehen vor der nicht ganz einfachen Herausforderung, Ereignisse, von denen kein vernünftiger Mensch sagen würde, dass sie einen Sinn haben, in ein Heilsnarrativ einzusortieren. Das kann in manchen Fällen tröstlich sein. Doch im schlechtesten Fall kommt das dabei heraus, was die Familie Fernandez erlebt hat, und was auch wir bei Todesfällen erlebt haben: unbeholfene Versuche, Empathie zu zeigen und zugleich klarzumachen, dass alles doch eben irgendwie gut sei.

Nun ist die toxische Positivität aber bei Weitem nicht nur ein Phänomen, das die Religion betrifft. Auch nichtreligiöse Menschen scheinen den Drang zu verspüren, den Blick auf die Realität einem teflonglatten Optimismusnarrativ zu opfern.

Teflon? Wieso sind wir jetzt in der Küche gelandet? Ganz einfach: Was ist der Albtraum jedes sorgsamen Hausmannes und jeder umsichtigen Hausfrau? Dass die nagelneue Pfanne durch die unsachgemäße Heranziehung einer Spülmaschine (!) oder gar durch die rabiate Anwendung von Stahlwolle (!!) ihrer weltraumerprobten Oberfläche beraubt wird. Schon Cat Stevens sang, dass der erste Kratzer der schlimmste sei. Das gilt nicht nur für den Herzschmerz von Folksängern oder für gerade ausgepackte Küchenutensilien, sondern auch für makellose Optimisten-Weltbilder. Und da drängt sich uns eine Vermutung auf: Könnte es sein, dass viele, die dem toxisch-positiven Denken verfallen sind, sich am treffendsten beschreiben lassen als Menschen, die es mit dem *Perfektionismus* übertrieben haben?

Ebendieser Perfektionismus, das überzogene Streben nach Vollkommenheit, ist ein unterschätztes Problem. Ziemlich unbemerkt hat er sich in unseren Alltag eingeschlichen, an den unterschiedlichsten Stellen. Im Berufsleben zum Beispiel. Ein Klassiker bei Einstellungsgesprächen war es lange Zeit, Kandidaten nach ihren Schwächen zu fragen. Gekontert wurde das gerne mit dem scheinbar unverfänglichen Satz: »Ach, ich bin ein wenig perfektionistisch.« Gedacht als verstecktes Eigenlob, ist die Haltung, die dahintersteckt, doch eigentlich eher: »Ich habe gelernt, funktionieren zu müssen. Ich habe Angst zuzugeben, dass ich etwas nicht kann oder nicht schaffe.«

Das Unperfekte scheint nicht besonders hoch im Kurs zu stehen. Ein Bereich, anhand dessen man diese These recht eindrücklich belegen kann, ist die Popmusik – seit jeher ein Seismograf für gesellschaftliche Befindlichkeiten. Toleranz für das Raue und Rohe? Im Pop-Mainstream heute weitestgehend Fehlanzeige.

Das war nicht immer so. Rückblende in die frühen Neunziger, die Grunge-Zeit. »Grunge«, allein schon das Wort klingt schmuddelig – und das bedeutet es auch: Dreck. Die Jugend hörte Pearl Jam und Soundgarden. Die angesagteste Musikgruppe damals war aber Nirvana. Deren Song *Smells Like Teen Spirit* gilt als einer der wirkmächtigsten des Jahrzehnts. Zu ihrem Standardrepertoire gehörten: in die Ecke gepfefferte Gitarren, umgeworfene Verstärker, Auftritte in Damen-Negligé und Rollstuhl, ein gekreuzigter Jesus mit Weihnachtsmannmütze im Musikvideo und unzählige Liveversionen von Songs, die absichtliche und unabsichtliche Verspieler, unkontrollierte Rückkopplungen, Jaulen, Seufzen, Schreien enthielten. Eine der ikonischen Szenen der Bandgeschichte: Frontmann Kurt Cobain spuckt einem Kameramann direkt auf die Linse.

Und was ist heute in den Spotify-Charts so los?

Wir wissen jetzt natürlich nicht, wann du dieses Buch liest, aber wir gehen mit ziemlicher Gewissheit davon aus, dass in den Musikranglisten vor allem eines zu finden sein wird: Auto-Tune, die automatische Tonhöhenkorrektur, die schiefen Gesang geradebiegt. Die erste populäre Künstlerin, die Auto-Tune einsetzte, war Cher in ihrem Song *Believe*. Sie konnte damals, im Jahr 1998, wohl kaum erahnen, dass aus dem Effekt, der ihrem Song eine besondere, wenn auch etwas roboterhafte Note gab, einmal das popmusikalische Ausdrucksmittel schlechthin werden würde. Über Genregrenzen hinweg werden heute Stimmen glatt poliert. Der Vorteil: Auto-Tune-Songs fallen nicht weiter auf – was für einen auf Massengeschmack und Downloadzahlen optimierten Pop-Hit nichts Schlechtes sein muss. Der Nachteil: Die Songs klingen häufig austauschbar und synthetisch. Und war Kunst nicht mal genau das: ein Spiegel der – mitunter zerrissenen – Seele einer Kunstschaffenden?

Der Produzent, Songschreiber und ehemalige Musikprofessor Rick Beato, der mit seinen Youtube-Videos regelmäßig ein Millionenpublikum erreicht, weist darauf hin, dass sich unsere Hörgewohnheiten schon so an den makellosen Klang der synthetischen Stimmen angepasst haben, dass auch die ersten durch künstliche Intelligenz generierten Songs, die bald den Musikmarkt fluten werden, kaum für Irritationen sorgen dürften. Ob die Stimme nämlich eine ursprünglich menschliche war, die von jeglicher Imperfektion befreit wurde, oder eine gänzlich computergenerierte ist, macht dann auch keinen Unterschied mehr: Klingt eh alles gleich.[19]

Geschliffenheit ist das Gebot der Stunde. Sie wird in den unterschiedlichsten Kontexten zur Norm, und das ist eine große Bürde, gerade für jüngere, weniger gefestigte Menschen, die ihren Platz in der Gesellschaft erst noch finden müssen. Das passt mit den Erkenntnissen der Sozialpsychologen Thomas Curran und Andrew Hill zusammen, die den Perfektionsdruck untersucht haben, der auf Menschen in ihren Zwanzigern lastet. Ihre Forschungsergebnisse zeigen: Zwischen 1989 und 2016 hat der Perfektionismus bei College-Studierenden aus den USA, Kanada und dem UK merklich zugenommen. Im Falle der USA habe, so das Ergebnis der Studie, ein relativ gesättigter Akademiker-Jobmarkt bei gleichzeitigem Ansteigen der Absolventenzahlen und einer Stagnation der Einkommen dafür gesorgt, dass der soziale Aufstieg nur noch gelingen kann, wenn die Bildungslaufbahn durch möglichst hochkarätige Institutionen verläuft, und dafür muss man eben mit allen Mitteln kämpfen. Also sollte der Nachwuchs lieber schon im Kindergarten lernen, einen höheren Klötzchenturm zu bauen als das Nachbarskind. Das mündet in einer Ellbogenmentalität, die der Psyche schadet. Curran fordert demgegenüber eine Kultur, die die Schönheit der Imperfektion wieder wertschätzt.[20]

Zeit dafür wäre es, denn ausgeprägter Perfektionismus ist gefährlich: Er hängt mit einer Reihe von heute häufig auftretenden psychischen Störungen und Problemen zusammen, unter anderem mit Zwangs-, Affekt- und Essstörungen.[21] Dabei vergisst unsere auf Leistung getrimmte Gesellschaft schnell mal, dass ein Perfektionist nicht einfach nur jemand ist, der viel erreichen will. Dagegen wäre per se ja überhaupt nichts einzuwenden. Wer perfektionistisch denkt, setzt sich aber übertrieben hohe Standards und muss daher dauernd fürchten, diesen Idealen nicht gerecht werden zu können. Das klingt nicht nur anstrengend, sondern ist es auch: Wir stehen gefühlt andauernd unter Strom dank der ständigen Konfrontation mit dem »Nicht-Aushalten der Ist-Soll-Spannung«, wie es der Psychiater Raphael Bonelli formuliert hat. Der Perfektionist werde »durch die Diskrepanz innerlich zerrissen, das Soll ist für ihn ein Muss, ein unerträglicher Vorwurf«.[22] Dementsprechend versucht er unter Aufbietung großer Kräfte alles, um dem Ideal doch irgendwie zu entsprechen. Dabei ignoriert er, dass irgendwann der Punkt erreicht ist, den Wirtschaftswissenschaftler als *point of diminishing returns* bezeichnen – also der Punkt, bei dem mit sehr viel Aufwand nur noch sehr wenig Ertrag erzielt wird. In den anschaulichen Worten des Psychiaters David D. Burns: »Perfektionisten strecken sich so sehr nach den Sternen, dass sie am Ende nur in der Luft herumfuchteln.«[23]

Nils Spitzer, der sich in seinem psychotherapeutischen Standardwerk zum Thema Perfektionismus auch mit dessen gesellschaftlichen Ursachen auseinandersetzt, liefert hierzu die historische Begründung, dass das Streben zur Selbstverbesserung erst mit der Aufklärung im 18. Jahrhundert zur menschlichen Natur gezählt wurde. Im Mittelalter war das Weltbild ein statisches, in das man sich einzufügen hatte. Natur- und Selbstbeherrschung dagegen sind ein Projekt der Moderne. Spitzer zeigt, dass es einen Zusammenhang zwischen individuellem Perfektionsstreben und gesellschaftlichen Optimierungsidealen gibt. Der Leistungsdruck in einer marktkapitalistisch strukturierten Gesellschaft ist hoch: »Jeder ist heute aufgefordert, sein eigenes Humankapital mittels Perfektionsstreben restlos auszuschöpfen.«[24]

In dieser Aufforderung ist implizit die Behauptung enthalten, dass das mit dem restlosen Ausschöpfen überhaupt *möglich* sei. Und da sind wir wieder bei der toxischen Positivität: Du kannst alles schaffen, wenn du nur willst. Gerade so, als seien wir – mit unseren körperlichen und geistigen Begrenzungen, unseren Ängsten und Schwächen – allmächtige Wesen. Dabei steht die toxische Positivität in einer unrühmlichen Allianz mit einer spezifischen Auslegung des Liberalismus, die, wie der Psychotherapeut Günter Scheich schreibt, »dem Einzelnen vorgaukelt, er sei unendlich frei und brauche keine Rücksicht auf seine sozialen und gesellschaftlichen Bindungen zu nehmen«. Die Folge sei eine permanente Nabelschau; die »Anything goes«-Doktrin spiegele sich im Alltag und erzeuge Leistungsdruck. Es werde, sagt Scheich, heute »als demütigend empfunden, sich selbst menschliche Schwächen einzugestehen, außer vielleicht in einer therapeutischen Situation«.[25]

»Ein Indianer kennt keinen Schmerz«[26]: Mit solchen hanebüchenen Elternsprüchen wurde Generationen von Kindern – und gerade den Jungs – weisgemacht, man könne und müsse Krisen überstehen, indem man sich seine Sorgen nicht anmerken lässt. Zähne zusammenbeißen und durch. Der Komiker Kurt Krömer, der sich im März 2021 outete, dreißig Jahre Depressionen hinter sich zu haben, hat das in seinem Buch *Du darfst nicht alles glauben, was du denkst* beschrieben. Man werde ja öfter mal gefragt, wie es einem gehe. Krömers Standardreflex, auch in schwierigen Zeiten, sah so aus:

> *Ich habe einfach immer gesagt, dass es mir gut geht. Aber genau so wurde ich auch erzogen, man darf eben nicht klagen. Selbst wenn man mit einem Kopfschuss rumrennt, hätte man niemals gesagt: »Mir tut der Kopf weh«, sondern: »Mir geht es gut. Und dir?«*[27]

So, wie es keine Pfanne gibt, die bei häufiger Benutzung nicht irgendwann einen Kratzer hat, gibt es auch kein gelebtes Leben ohne Dellen. Trotzdem fällt es vielen schwer, sich und anderen das einzugestehen. Wie kommen wir da raus?

Wer nichts erwartet …

Wenn es stimmt, dass die toxische Positivität nicht nur ein Thema auf Instagram oder TikTok ist, sondern dass sich darin größere gesellschaftliche Verschiebungen ausdrücken, haben wir erst mal ein

Problem. Denn gegen die Strömung des Zeitgeists anzuschwimmen ist nicht gerade einfach. Das weiß jeder, der als Teenager nicht die richtigen Klamotten anhatte oder die angesagte Musik kannte.

Klar, man kann versuchen, sich gegen all das zur Wehr zu setzen und – um im Bild zu bleiben – mit doppelter Geschwindigkeit zu paddeln, so wie die von der Donauströmung hoffnungslos überforderten Enten, denen wir oft zugeschaut haben, wenn wir in unserer alten Unistadt Regensburg mit einem Bier am Ufer saßen. Das ist aber auf Dauer ziemlich mühsam. Also das Paddeln, nicht das Zuschauen und Kronkorken Ploppen. Was macht also die Ente? Sie gelangt irgendwann zu Plan B: Ich such mir einen Nebenfluss, wo die Strömungsrichtung passt. Weg vom Mainstream, mitten hinein in eine alternative Lebenseinstellung.

Als wir im Herbst 2020 mit unserem Podcast *Hallo Ernstfall* anfingen, folgten wir – zunächst eher unbewusst – dieser Idee: in einer Welt, die auf Hochglanz und Perfektion setzt, der Kaputtheit in der Nische Raum zu geben. Das bot sich damals an, weil die Situation für uns beide mit so viel Anspannung verbunden war, dass es ohnehin kaum möglich war, über uns zu sprechen und dabei nicht in existenzielle Tiefen zu blicken. Judith musste ihre Krebsdiagnose bewältigen, Franz den Verlust seines Vaters. Und über allem lag der Schatten der Coronapandemie. Das Grundgefühl jener Zeit war Verunsicherung. Im Podcast sprachen wir über Schwäche, Angst und Momente der Hoffnungslosigkeit. Die Devise: einfach davon erzählen, wie es ist, wenn die Dinge nicht perfekt laufen – wenn es sogar richtig scheiße läuft und man trotzdem probiert, es irgendwie zu überstehen. Das alles gemischt mit Ausflügen in obskure akademische Debatten. Krebs und Geisteswissenschaften: Wir witzeln manchmal, dass man einen massenuntauglicheren Podcast am Reißbrett gar nicht hätte entwerfen können.

Und da wären wir bei der guten alten Selbstironie. Als Methode, uns gegen die Widrigkeiten des Lebens zu wappnen, trug sie uns durch so manche Krise. Als im Dezember 2020 die Chemotherapie ihren Lauf nahm und Judith die ersten Haare ausfielen, gingen wir das Haarthema schön situationsunangemessen an und plauderten nicht nur über Judiths neue Perücke, sondern auch über die schönsten Fußballer-Vokuhilas der Achtziger und Neunziger. Von da an gab es im Podcast regelmäßige Wasserstandsmeldungen: Wer hat gerade mehr Haare – Franz' Neugeborenes oder Judith? Der Break-even-Point, an dem sich beide Kurven kreuzten, war irgendwann Anfang 2021 erreicht. Also genau in der Phase, in der wir alle dank der globalen Pandemie ohnehin schon im Krisenmodus waren. Gerade deshalb fühlte sich jeder kleine Moment, in dem man über sich selbst lachen konnte, wie ein Stück zurückeroberte Souveränität an.

Es hilft, sich und seine Empörung über die Schlechtigkeit der Welt nicht allzu ernst zu nehmen. Andernfalls kommt das heraus, was Thomas Mann in seiner gleichnamigen Erzählung von 1898 beschrieben hat: *Enttäuschung*. Schauplatz ist der Markusplatz in Venedig. Dort erzählt ein larmoyanter Pastorensohn seine Lebensgeschichte – ohne dass ihn jemand darum gebeten hätte, wohlgemerkt. Er überfällt den Ich-Erzähler mit seinem selbstmitleidigen Monolog geradezu. Das, was Mann als »befremdliche Offenheit« seines Protagonisten beschreibt, kennen wir vom Zugfahren: Einmal im Prozess der Small-Talk-Anbahnung zu verständnisvoll genickt, und schon wird man von der Sitznachbarin zwischen Halle und Coburg hemmungslos zwangsversorgt mit intimen Details zum Liebesleben von Tante Ingrid. In Thomas Manns Erzählung aber sind die Monologinhalte des Schwätzers nicht nur detailverliebt, sondern auch existenziell: Er spricht über die einschneidenden Momente seines Lebens – über den Hausbrand zum Beispiel, den er als Kind nur knapp überlebte, oder über den Besuch weltberühmter Kunstmuseen.

Die Pointe ist jetzt aber: So richtig geflasht hat ihn nichts davon. Egal ob schlimm oder schön, keine dieser vermeintlich großen Erfahrungen hat bei ihm die Wirkmacht entwickelt, die er zuvor glaubte ihnen zuerkennen zu müssen. Selbst die erste große Liebe lässt ihn bitter enttäuscht zurück. Nicht weil er verlassen wurde, sondern weil nicht einmal die Tiefe des Schmerzes dem entsprach, was er sich in seiner Fantasie als dramatisches Gefühl ausgemalt hatte. Das Leben – eine einzige große Ernüchterung. Da bleibt ihm nur noch, auf den Tod zu warten. Der sei dann die wirklich letzte Enttäuschung.

Manns Figur macht sich unfreiwillig lächerlich: Es ist naiv, täglich Silvesterfeuerwerke zu erwarten – Silvester ist halt nur einmal im Jahr. Unvorsichtig ist es obendrein, denn wenn die Messlatte so hoch oben liegt, dass man immer darunter durchsegelt, dann sind das die besten Voraussetzungen für eine Lebenseinstellung, mit der man gar nicht glücklich werden kann. Der Pastorensohn aus Manns Erzählung ist ein Mensch, der zwar Realitätssinn hat, aber auch an toxischer Positivität leidet: Er ist gut in der Vergangenheitsanalyse, aber er lässt, wenn er in die Zukunft schaut, trotzdem nicht von seinen überzogenen Erwartungen ab. Da fällt einem Albert Einstein ein, der gesagt haben soll, die Definition von Wahnsinn sei es, immer das Gleiche zu tun und immer andere Ergebnisse zu erwarten.

Nur die allertiefsten Intensitätsmomente vom Leben zu erwarten kommt einer Selbstüberhöhung gleich: Man handelt so, als habe man einen Anspruch darauf, dass immer Hollywood ist. Wie viel stil- und effektvoller ist es da doch, sich mit der Unzulänglichkeit anzufreunden und Witze auf eigene Kosten zu reißen! Winston Churchill etwa war ein Meister der Selbstironie. Churchills Humor kam gerade deshalb zum Tragen, weil die Zeiten damals so düster waren: Er stand vor der Aufgabe, Großbritannien durch einen Weltkrieg zu führen. Als er einmal auf der Toilette saß und seine Privatsekretärin an die Tür klopfte, um ihm mitzuteilen, der Lordsiegelbewahrer, der *Lord Privy Seal*, habe eine wichtige Nachricht für ihn, soll er einen Satz gerufen haben, dessen Gewitztheit sich auf Deutsch kaum wiedergeben lässt: »Tell the Lord Privy Seal that I'm sealed in the privy, and I can only deal with one shit at a time.«[28] Der Spruch ist nicht nur wegen des Wortspiels mit »seal« und »privy« so gut, sondern auch, weil dadurch eine aberwitzige Spannung entsteht: die Erhabenheit des Amtes auf der einen Seite, die Ausscheidungen des Amtsträgers auf der anderen. Mit solchen Sentenzen soll es Churchill mehr als einmal gelungen sein, sich und sein Umfeld die Bürde des Krieges für einen kurzen Moment vergessen zu lassen.

Keine Frage, mit Ironie kann man das Leben erträglicher gestalten. Die Sache ist nur: Die Dosis macht das Gift, und Ironie macht süchtig. Die typische Ironikerinnen-Junkie-Biografie könnte so klingen: »Es fing alles damit an, dass sie sich über ihre eigenen Unzulänglichkeiten lustig machte. Das gefiel ihr, denn damit konnte sie andere unterhalten, souverän wirken und zugleich ehrlich bleiben. Und weil es ihr gefiel, wiederholte sie dasselbe Spiel immer wieder. Sie suchte dauernd nach Gründen, sich selbst auf die Schippe zu nehmen, bis sie eine Unernsthaftigkeit überfiel, die sie schließlich auch auf ihre Mitmenschen ausdehnte. Alles galt ihr nun als lächerlich – jede Hoffnung als naiv, jedes Bemühen als nutzlos, jedes Freudestrahlen als Ausdruck der Verblendung. Irgendwann erschien ihr die Ironie als Generalschlüssel des Lebens. Nichts hatte mehr einen Wert. Sie starb einsam und verbittert. Auf ihrem Grabstein stand geschrieben: ›Hier liegt eine Zynikerin.‹«

Gut, das war jetzt schon ein bisschen sehr dramatisch. Aber vielleicht kann so eine abschreckende Geschichte an dieser Stelle nicht schaden. Es mag eine Minderheitenmeinung sein, aber wir für unseren Teil finden Zyniker eigentlich wahnsinnig charmant. Dabei vergessen wir gerne mal, dass das mit dem Zynismus schon irgendwie auch einer Kapitulation vor der Welt gleichkommt.

Wie das gemeint ist? Fangen wir ganz vorn an, in der Antike. Das Wort »Zyniker« kommt von den Kynikern – einer Denkschule, die vom Philosophen Antisthenes (ca. 446–366 v. Chr.) begründet wurde. Die Kyniker zeichneten sich dadurch aus, dass sie gesellschaftliche Konventionen ablehnten, gerne Tabus brachen und sich durch ihre Ablehnung materieller Güter autark machen wollten – antike Punks gewissermaßen. Vielen bekannt ist heute noch Diogenes von Sinope, von dem man sagt, er habe in einem Vorratsfass geschlafen. Die Kyniker waren zwar Philosophen, aber keine hochtrabenden. Mit metaphysischen Vorstellungen wie der Ideenlehre Platons hatten sie nichts am Hut. Sie lebten ein asketisches, an der Natur ausgerichtetes Leben. Ihre Grundhaltung war der Skeptizismus.

Das mit dem Skeptizismus ist durchaus wichtig, weil wir in diesem Moment den Atem einer ganzen Armada humanistischer Oberstudienräte im Nacken fühlen, die uns darauf aufmerksam machen wollen, dass das heutige Wort »Zyniker« in seiner Alltagsverwendung nichts mehr mit den antiken Kynikern gemein hat. Das steht zwar so mittlerweile sogar auf Wikipedia, stimmt aber trotzdem nur halb. Was richtig ist: Wer jemanden einen Zyniker nennt, der meint das wahrscheinlich abwertend. Harald Schmidt, der in Deutschland Ende der Neunziger die Late-Night-Satire popularisierte, ist so ein Kandidat. Schmidt, so hieß es damals gerne von kritischen Stimmen, sei ein boshafter, eben ein *zynischer* Menschenverächter – jemand, der ohne Empathie auf Kosten anderer Witze reißt. Die Bezeichnung »Kyniker« hingegen beschreibt erst mal nur eine historische Philosophie-Bewegung, über die sich heute keiner aufregt. (Wenn die Leute wüssten, dass Diogenes gerne mal öffentlich masturbiert hat, dürfte das gesellschaftliche Erregtheitsbarometer dann aber doch ziemlich stark ausschlagen – aber das steht auf einem anderen Blatt.)

Die antiken Kyniker und die modernen Zyniker haben dennoch etwas gemeinsam: Ihnen ist das Hinterfragen in Fleisch und Blut übergegangen. Das nervt die Außenwelt vielleicht, hat aber für diejenigen, die sich diese Haltung zu eigen gemacht haben, Vorteile: Sie können sich der Welt als kritische Intellektuelle präsentieren, die sich nicht für dumm verkaufen lassen. »Sagen, was ist« lautet der Slogan, den sich das Magazin *Der Spiegel* in Anlehnung an die Worte seines Gründers Rudolf Augstein gegeben hat. Die damaligen Redakteure konnten ja schlecht ahnen, dass »He tells it like it is« deutlich später mal eine Parole der Anhänger des chronischen Lügners Donald Trump werden sollte. Die Botschaft des *Spiegel* war vielmehr: Hier wird mit klarem Blick auf die Welt geschaut und kein Blatt vor den Mund genommen. Etwa so wie in *Des Kaisers neue Kleider*, in dem der dänische Schriftsteller Hans Christian Andersen ein Kind aussprechen lässt, was sich sonst keiner zu sagen traut: dass das ehrwürdige Staatsoberhaupt gar keine tollen neuen Kleider anhat, sondern nackt herumstolziert.

Wer für sich selbst beansprucht, unangenehme Wahrheiten in die Welt zu posaunen, darf sich in einer Ahnenreihe mit all jenen wähnen, die seit Sokrates die eine oder andere Nachfrage zu viel gestellt haben – und dafür von den Mächtigen oder dem Mob den einen oder anderen Kopf kürzer gemacht worden sind. Niemand lebt schließlich ungesünder als die Überbringer schlechter Nachrichten.

Und doch wäre es übertrieben zu behaupten, Zyniker zögen nur Hass auf sich. Dafür haben sie einen zu großen Unterhaltungswert, und damit wären wir beim zweiten Vorteil des Zynismus. Während der trübe Fatalist sich einfach resigniert in die Ecke legt und auf den Weltuntergang wartet, ist der Zyniker immerhin aktiv. Er spottet, er zieht durch den Kakao, er spitzt zu, er fischt Pointen aus dem trüben Fluss des Leidens. Kurz: Er verhält sich zur Menschheit insgesamt also so wie Schopenhauers Stachelschweine.

Schopenhauer gilt bis heute als ausgesprochener Misanthrop. Kein Wunder, war er doch der Meinung, dass der Mensch kein vernunft-, sondern ein triebgesteuertes Wesen sei. Da lag der Vergleich mit der Tierwelt natürlich auf der Hand, weshalb er der Nachwelt die Stachelschwein-Parabel schenkte. Die geht etwa so: Das Stachelschwein sucht, wenn die kalte Jahreszeit Einzug hält, die Nähe zu seinen wärmenden Artgenossen. Doch wer ausgesprochen stachelig daherkommt, darf sich nicht wundern, wenn zu viel Nähe zu Schmerz führt. Was also machen die possierlichen Tierchen? Sie ruckeln sich und die Gruppe so lange zurecht, bis sie ausreichend eng zusammen für gegenseitige Wärme und ausreichend weit voneinander entfernt sind, um das Piksen des anderen nicht ertragen zu müssen. Die Moral der Parabel: Menschen sind furchtbar, aber man kommt doch nicht ganz ohne sie aus.

Zyniker brauchen die anderen, wenigstens als Studienobjekt, vielleicht auch als Zielscheibe, vor allem aber als Publikum. Und damit wären wir beim dritten Vorteil, den ein zynisches Leben mit sich bringt: Es ermöglicht einen großen Auftritt. In der Krise nämlich, wenn die Optimisten an sich selbst verzweifeln, können sich die Zyniker entspannt zurücklehnen. »Ich hab's euch ja schon immer gesagt« prangt dann in Leuchtreklamelettern über der sonst vom Skeptizismus zerfurchten Stirn. Die Bestätigung durch die eingetretene Katastrophe zeigt, dass die Zyniker schon immer die einzig kritisch Denkenden waren, während alle anderen blauäugig über den Erdball stolpern.

Allerdings ist das Rechtbehalten im Katastrophenfall auch ziemlich anstrengend. Es dankt einem ja niemand, wenn man recht behält und dann doch alles in Schutt und Asche liegt. Man nennt das auch »Kassandra-Syndrom«[29]: Die trojanische Königstochter Kassandra war in der griechischen Mythologie zwar von Apollon mit der Gabe der Weissagung ausgestattet, dann aber mit dem Fluch belegt worden, dass alle ihre Warnungen in den Wind geschlagen würden. »Dieses riesige Pferd, das uns die Griechen da hingestellt haben, kommt mir irgendwie komisch vor …« Ja, hätten die Trojaner mal auf Kassandra gehört. Haben sie aber nicht. Kassandra ist deshalb so etwas wie die Schutzheilige der Zyniker. Denn vom apokalyptischen Dauertrompeten jener Zyniker sind die Leute irgendwann auch so genervt, dass sie einfach nicht mehr hinhören.

Doch das ist nur eines der Probleme, die mit dem Zynismus einhergehen. Ein noch größeres sind die weltanschaulichen Verrenkungsübungen, die darin bestehen, die eigene Generalverachtung allem und jedem gegenüber dadurch zu rechtfertigen, dass auch noch die hoffnungsvollsten Erkenntnisse und schönsten persönlichen Erfahrungen zu Fanalen des Untergangs umgedeutet werden. Das erfordert schon etliche abstruse Denkschleifen – mindestens genauso viele wie der Versuch, die Tristesse des Alltags Pinterest-tauglich ins Positive zu verkehren.

Dennoch lässt sich sagen: Ein zynischer Mensch ist dem Vielschwätzer in Thomas Manns Enttäuschungsgeschichte weit überlegen. Während Letzterer ständig fassungslos darüber ist, dass nicht alles tief, groß und intensiv ist, findet der Zyniker: Selbst die wenigen Dinge, die uns tatsächlich als tief, groß und intensiv erscheinen, sind bei näherer Betrachtung nichts als Schimären. Und am Ende geht eh alles den Bach runter. Anstatt sich also dauernd darüber auszuheulen, dass das Leben furchtbar ist, ist der Zyniker dazu übergegangen, vom Leben gar nichts zu erwarten. Wer nichts erwartet, kann auch nicht enttäuscht werden.

Enttäuschungen sind unangenehm, und weil wir evolutionär darauf programmiert sind, Unangenehmem und damit potenziell Schädlichem zu entgehen, sollte man auch die Vermeidung von Enttäuschungen als Triebfeder in der Mechanik des Gefühlslebens nicht unterschätzen. Und da wären wir beim letzten Vorteil: Zynismus kann eine Form intelligenten Emotionsmanagements sein.

Wenn ich davon ausgehe, dass eh alles in die Binsen geht und ich diesen Umstand mit sarkastischen Kommentaren begleite, dann ist das nichts anderes als der Versuch, der Ungewissheit ein Schnippchen zu schlagen, indem ich ihr zuvorkomme. Denn Verdrängung ist zwar schön und gut, aber sie klappt meistens nur phasenweise und ist keine Lösung auf Dauer. Wenn ich mich also auf das Schlimmste einstelle, dann bekämpfe ich die Unsicherheit, die der Zukunft innewohnt. Ein bisschen lässt sich das vielleicht mit einem Thriller vergleichen. Warum ist der so nervenaufreibend? Weil er das Unheil hinauszögert und mit Erwartungen spielt. Die Möglichkeit, dass da vielleicht ein Axtmörder in der dunklen Ecke hocken könnte … oder vielleicht doch nicht … aber wer weiß, ob er nicht doch gleich hervorspringt … Das Gefühl der drohenden Gefahr ist deutlich beängstigender als ein Meer an Kunstblut.

Um mal wieder auf unser unfreiwilliges Lieblingsthema zurückzukommen: Die Wahrscheinlichkeit, im Laufe des Lebens an Krebs zu erkranken, liegt in Deutschland bei etwa 50 Prozent. Das Schicksal wirft eine Münze, zwei Seiten, fifty-fifty. Die Hälfte aller Menschen ist also davon betroffen, die meisten freilich erst im hohen Alter.[30] Kann nicht sein? Doch, ist leider wirklich so. Machen wir uns also nichts vor: Es ist keine schlechte Idee, sich mit der eigenen Vergänglichkeit zu konfrontieren.

Alles ist vergänglich – na und?

Die Maxime des Gewappnetseins hat auch in der Philosophiegeschichte eine große Rolle gespielt, und das gilt vor allem für die Auseinandersetzung mit dem vermeintlich größten Übel, dem Tod. Die Naturgesetze sind eben, wie sie sind, und jeder noch so fitte Sportlerkörper wird irgendwann in seine Moleküle zerfallen. Das ist so selbstverständlich wie demütig machend, und an der Tatsache kann auch die weiseste Philosophin nichts ändern. Was sie aber durchaus beeinflussen kann, ist der *Umgang* mit alledem. Das Rätsel, das es in diesem Zusammenhang zu lösen gilt, lautet: Wie kann ich eine würdevolle Haltung im Angesicht des Sterbenmüssens gewinnen? Einfach zu behaupten, es gehe nach dem irdischen Leben in der einen oder anderen Form weiter, ist zumindest eine gewagte Wette, auf die sich nicht jeder einlassen kann oder will. Solider ist da schon, sich früh und wiederholt und ehrlich mit der eigenen Endlichkeit zu konfrontieren. Oder wie es in der Bibel in Psalm 90 heißt: »Unsere Tage zu zählen lehre uns! Dann gewinnen wir ein weises Herz.« Psychologisch ist das ziemlich clever, denn es bewahrt vor zwei Gefahren: vor der Verdrängung und der blanken Panik.

Zum einen verhindert die Konfrontationsstrategie, dass wir uns in guten Zeiten aufführen wie unverwundbare Halbgötter, nur um dann umso härter auf den Asphalt aufzuschlagen, wenn es mal nicht mehr so läuft oder vielleicht sogar dem Ende zugeht. »Bedenke, dass du sterblich bist«: Es hat einen Grund, dass das mahnende *memento mori* im antiken Rom gerade im Augenblick der größten Euphorie bemüht wurde. Angeblich ging hinter jedem siegreichen Feldherrn, der im Triumphzug durch Rom fuhr, ein Sklave, der ihn mit diesen Worten auf den Marmorboden der Tatsachen zurückholen sollte. Ob das für den Sklaven immer so gut ausging, ist nicht bekannt. Ekstatische Zustände führen ja selten zu vernünftigem Verhalten gegenüber seinen Mitmenschen.

Zum anderen passiert – wenn wir uns ständig mit der Realität unseres Sterbens beschäftigen – wahrscheinlich das, was immer passiert, wenn man sich mit einem Thema länger auseinandersetzt: Wir gewöhnen uns daran. Überhaupt gewöhnen wir Menschen uns an erstaunlich vieles, auch an das, was kurz vorher noch undenkbar schien. Ständiges Maskentragen in der Öffentlichkeit zur Pandemiebekämpfung zum Beispiel. Am Anfang fühlte es sich an wie ein surrealer Katastrophenfilm, dann nervte es irgendwann nur noch, verlor aber seinen apokalyptischen Beigeschmack, und irgendwann war es mehr oder weniger zur Normalität geworden, wie so ein leichtes Ziehen im Rücken, das es nur jeden dritten Tag über die Bewusstseinsschwelle schafft.

Wer wissen will, wie wichtig Gewöhnung und Entdramatisierung für die Lebensbewältigung sind, sollte Michel de Montaigne lesen. Der Humanist, der im 16. Jahrhundert lebte, war zunächst als einflussreicher Jurist tätig, ehe er sich mit 38 Jahren aus allen öffentlichen Geschäften zurückzog, um von seinem einsamen Schloss im Südwesten Frankreichs aus über die Welt nachzudenken. Ganz nebenbei hat er dabei die Essayistik erfunden, eine Form des philosophischen Schreibens, die mehr Wert auf Kürze und Pointiertheit als auf akademische Detailverliebtheit legte. In einem seiner *Essais* mit dem Titel *Philosophieren heißt sterben lernen* schreibt er:

> *Es ist ungewiß, wo der Tod uns erwartet – erwarten wir ihn überall! Das Vorbedenken des Todes ist Vorbedenken der Freiheit. Wer sterben gelernt hat, hat das Dienen verlernt. Sterben zu wissen entläßt uns aus jedem Joch und Zwang.*[31]

In der Auseinandersetzung mit seiner Begrenztheit erlangt der Mensch Souveränität zurück: Das ist ein aus der Antike recycelter Gedanke, der für den Humanismus Montaignes zentral war. Damals, in der Frühmoderne, lösten sich die Menschen langsam vom Weltbild des Mittelalters mit seinen statischen Ordnungen. Eine dynamische, selbstbestimmte Ära kündigte sich an: weniger Demut, mehr Selbstermächtigung. Das erklärt auch, warum Montaigne so weit geht, der Auseinandersetzung mit dem Tod ein Befreiungspotenzial zuzuschreiben.

Die Vergänglichkeit scheint ein ziemliches Downer-Thema zu sein. Aber das ist nur auf den ersten Blick so. Selbst im Barock stürzten sich die Menschen nicht ständig von der nächsten Brücke, obwohl der bestimmende Gedanke der der *vanitas* war. Die Nichtigkeit allen irdischen Daseins, die alternativlose Vergänglichkeit starrte ihnen aus den Gemälden der Zeit entgegen. Lieblingsmotive: leere Schneckenhäuser (Schnecke tot), Masken (Träger tot), blanke Schädel (total tot). Andreas Gryphius dichtete dazu in seiner epochalen Signature-Ode: »Die Herrlichkeit der Erden muss Rauch und Asche werden.« Das klingt allerdings deprimierender, als es ist. Das tröstende Element besteht darin, dass die Vergänglichkeit alle betrifft, also sozial gerecht ist. Der Kaiser stirbt genauso wie der Bauer.

Sich mit dem nahenden Ende auseinanderzusetzen war über weite Strecken der Menschheitsgeschichte Teil des Alltags. Und warum auch nicht? Wer sich mit seiner Begrenztheit konfrontiert, macht sich ja nicht klein. Im Gegenteil. Er versteckt sich nicht wie ein Mäuschen vor dem Tod, sondern er sagt: »Grüß dich, lieber Tod, ich seh dich da hinten in der Ecke stehen. Ist mir aber wurscht.« Die Vanitas verleiht eben auch eine gewisse Größe und Erhabenheit, die unserer Zeit, in der Tod und Sterben weitgehend von öffentlichen Debatten ferngehalten werden, oft fehlt.

Pessimismus schützt vor zu hohen Erwartungen, behaupten manche, und wie wir gesehen haben, stimmt das in Bezug auf das eigene Ableben und das der anderen. Die einzige vernünftige Haltung ist ja, den Tod als Faktum anzuerkennen. Sein Leben vom Tod her zu denken ist insofern nicht morbide, sondern letztlich lebensbejahend. Schließlich mache ich mir den Wert meiner Zeit auf Erden bewusst – eben weil ich präsent habe, dass sie zu einem unbestimmten, höchstens aber ein paar Jahrzehnte entfernten Zeitpunkt enden wird.

Bei sehr wahrscheinlich oder sicher eintretenden Übeln sind also Gewöhnung und Konfrontation die Gebote der Stunde. In dem Gedanken, man sollte lieber auch auf unangenehme Szenarien vorbereitet sein, kommt der sogenannte defensive Pessimismus zum Ausdruck. Ein Forscherteam um die spanische Psychologin María del Mar Ferradás beschreibt ihn in einem Fachartikel als einen Mechanismus, der so funktioniert: Eine Person sagt trotz einer erfolgreichen Vergangenheit Misserfolg in der Zukunft voraus. Dieses Verhalten dient dazu, Ängste abzubauen und schlechte Leistungen zu verhindern: Wenn ich fürchte, dass ich bei einem Test schlecht abschneiden könnte, reiße ich mich zusammen und lerne. [32] Und tatsächlich konnte nachgewiesen werden, dass diese Strategie zu mehr Selbstsicherheit und besseren akademischen Leistungen führt.[33]

Okay, es gibt also Fälle, da sind Pessimismus und vernünftiges Handeln tatsächlich eng befreundet. Die Frage ist aber: Ist das immer so? Funktioniert die Strategie ausnahmslos?

Beginnen wir mit einer banalen Feststellung: In jedem Leben finden eine Menge großer und kleiner Ereignisse statt. Darunter sind fröhliche, lustige, ekstatische Momente genauso wie traurige, frustrierende oder gar verzweifelte. Und natürlich auch viel, was irgendwo dazwischenliegt. Die Zusammensetzung mag von

Mensch zu Mensch verschieden sein, aber das ändert nichts an der Tatsache, dass eine Komplett-Schwarzseherin ziemlich oft danebenliegen wird: Die Welt mag vielleicht sogar schlecht sein, aber sie ist in jedem Fall *nicht nur* schlecht.

Doch jetzt nehmen wir mal an, unsere Schwarzseherin ist Mitglied im Vanitas-Fanclub und lässt einfach nicht locker: Sie behauptet, sie habe mit ihrem Radikalpessimismus dennoch recht, denn alles, was uns als angenehm und schön erscheint, sei in Wirklichkeit bloße Illusion. Wer sich glücklich wähnt, sei verblendet – die Welt sei eigentlich hart und grausam, und es gelte, sich darauf einzustellen. Dem lässt sich nun glücklicherweise erst mal die Erkenntnis entgegenstellen, dass nach allem, was wir wissen, tatsächlich Glückshormone bei Menschen ausgeschüttet werden. Das ist eben ein empirisches Faktum: Menschen sind manchmal froh. Sie lachen zum Beispiel über Katzen im Internet, die komische Geräusche von sich geben. Ist das nun ein schlechtes Lachen oder ein gutes? Ist das gerechtfertigte, »echte« Freude? Allein die Frage ist Unsinn: Es ist in jedem Fall *reale* Freude, denn in den Körpern dieser Menschen passiert ja tatsächlich etwas. Wir müssen uns Cat-Content-Enthusiasten (oder Otter-Fans oder Alpaka-Liebhaberinnen) also, frei nach Albert Camus, als glückliche Menschen vorstellen.

Das mag alles offensichtlich erscheinen, aber uns begegnen immer wieder Leute, die die Möglichkeit des Glücks fundamental anzweifeln. Sie gehören zumeist einer dieser beiden Gruppen an: übereifrige Philosophie-Zweitsemester mit Vitamin-D-Mangel – oder Menschen mit Hang zum Deprimiertsein. Die Angehörigen der ersten Gruppe sind leicht abgefrühstückt. Sie haben eben gerade erst gelernt, dass alles eine Frage der Definition ist, und jetzt schrauben sie so lange an der Definition von »Glück«, bis das Licht ausgeht. Mit der Welt da draußen hat das dann aber nichts mehr zu tun. Das Problem wird sich bis zum fünften Semester erledigt haben, irgendwann wenn unser Philosophiestudierender merkt, dass man mit Definitionen allein keine realen Probleme lösen kann.

Interessanter ist die zweite Gruppe. Der depressive Blick auf die Welt hat nämlich tatsächlich seine Vorzüge. Künstlern zum Beispiel sagt man ja nach, sie seien inspirierter, wenn ihnen nicht die ganze Zeit die Sonne aus dem Allerwertesten scheint. Von Nietzsche wüssten wir ohne seine inneren Dämonen wahrscheinlich kaum etwas. Statt als fröhlicher Friedrich auf einem Stand-up-Paddle-Board den Silvaplanersee zu überqueren, starrte er in der Alpenlandschaft des Schweizer Oberengadin eben lieber manisch aufs Wasser, bis Werke wie *Jenseits von Gut und Böse* und *Also sprach Zarathustra* sich aufs Papier ergossen. Ohne die Depression wäre Ernest Hemingways Prosa vielleicht nicht so nüchtern und effektiv, wären Vincent van Goghs post-impressionistische Gemälde nicht so eindringlich ausgefallen.

Aber auch jenseits der Kunst ist Depressivität nicht zwangsweise negativ konnotiert. Die Autorin Juliane Marie Schreiber etwa hat versucht, sie als Lebenseinstellung zu rehabilitieren. In ihrem Buch *Ich möchte lieber nicht* bricht sie eine Lanze für den sogenannten depressiven Realismus. Dabei geht es ihr freilich nicht um schwere psychische Erkrankungen, bei denen manche Botenstoffe im Gehirn nicht das tun, was sie sollen, und bei denen offensichtlich ist, dass sie die Weltsicht verengen und manchmal bis zur Unkenntlichkeit eintrüben. Vielmehr zielt sie auf eine skeptische Grundhaltung, die im Alltag in vielerlei Fällen zu besseren Ergebnissen führt als eine übertrieben positive.

Depressive Realisten, meint Schreiber, sähen die Welt »gestochen scharf in feinen Grauschattierungen, während bei Optimisten dauerhaft ein bunter Instagram-Filter vor ihre grob gepixelte Weltsicht geschaltet ist«.[34] Die zugrunde liegende Beobachtung ist, dass Menschen, die sich für außergewöhnlich toll halten und auf einer Es-wird-alles-super-Welle reiten, unter dem leiden, was Psychologen *optimism bias* nennen, unter einem übertriebenen Optimismus, der die Wahrnehmung verzerrt. Setzt man solche Optimisten dann, wie in einem Versuch der Psychologen Joseph Forgas und Rebekah East geschehen, beispielsweise vor Verhörvideos von Menschen, die eines Kriminaldelikts beschuldigt werden sind sie schlechter als ihre skeptischen Counterparts in der Lage, die Täter ausfindig zu machen.[35] Diese und vergleichbare Beobachtungen verleiten Schreiber dazu, den depressiven Realisten als Leitstern ans Firmament zu setzen.

Bei so viel Enthusiasmus sollte man skeptisch werden, selbst wenn er sich auf den Skeptizismus selbst richtet.

Depressiver Realismus mag auf dem Papier gut und schön sein, aber man muss höllisch aufpassen, dass aus einer kritischen Grundhaltung in der Praxis keine bloße Attitüde wird – und wir sprechen da aus eigener Erfahrung. Manchmal muss man einfach Klartext reden. Aber im Leben ist die Situation oft nicht so eindeutig. Und wenn man dann immer diesen Ich-entzaubere-alles-Duktus pflegt, kann man leicht über die Stränge schlagen.

Stell dir vor, dein Partner hat ein neues Shirt an, das ihm ganz gut steht, aber das du vielleicht auch ein wenig zu jugendlich findest. Du könntest jetzt »Schaut super aus« raunen, ein Lächeln ernten, und damit hat es sich. Oder du führst folgenden Gedanken aus: »Meinem Eindruck nach ist dieses Shirt ein gut gemeinter, aber letztlich hilfloser Versuch, deine erbarmungslos voranschreitende Alterung zu kaschieren. Die Farbe unterstreicht zudem deine Augenringe. Vor vier Jahren hättest du das Shirt noch tragen können, aber jetzt ist der Zug abgefahren.« Das wird nicht gut enden. Was aber noch wichtiger ist: Die zweite Aussage klingt zwar elaborierter, ist aber deshalb auch keine vollständige Beschreibung der

Welt – sondern nur Ausdruck des Versuches, sich als schonungslose Kritikerin zu inszenieren.

Messerscharfer Skeptizismus ist wichtig, aber manchmal einfach fehl am Platz. Hinzu kommt: Pauschal-Pessimismus und kritisches Denken sind nicht dasselbe. Der Pessimismus nämlich ist genauso anfällig für kognitive Verzerrungen wie der Optimismus. Hier ein Beispiel: In einem Experiment aus dem Jahr 1995 wurden Probanden vor die Aufgabe gestellt, in einem fiktiven Bewerbungsverfahren die geeignetsten Kandidaten auszuwählen. Pessimisten machten dabei einen schlechteren Job: Wenn sie mit einem Kandidaten konfrontiert waren, bei dem in den Bewerbungsunterlagen noch Informationen fehlten, gingen sie wie selbstverständlich davon aus, dass diese, wenn sie denn nachgeliefert würden, nur Schlechtes über die Kandidaten preisgeben könnten. Selbst wenn sie einen guten Eindruck von einer Person hatten, glaubten sie, dass die eine entscheidende Information, die den guten Eindruck kaputtmacht, schon noch kommen würde. Die Studie zeigte, dass Pessimisten Informationen sogar schon dann als negativ beurteilen, wenn sie sie noch gar nicht haben.[36]

Man kann es also drehen und wenden, wie man will: So richtig warm werden wir nicht mit der Vorstellung, die Schwarzseher sollten künftig den Ton angeben. Denn wie sähe die Welt aus, wenn alle so wären? Sie wäre die Hölle, wenn man bedenkt, dass starker Pessimismus mit einem Mehr an Angst- und Schlafstörungen, Bluthochdruck, Herzerkrankungen und allgemeiner Feindseligkeit einhergeht.[37]

Und noch viel wichtiger in diesem Zusammenhang: Es ist faktisch nachweisbar, dass auch mal Positives passiert. Also liegt man mit dem Glauben, alles werde den Bach runtergehen, sowieso nicht immer richtig. Zynismus, Sarkasmus, Pessimismus, Fatalismus, bittere Unernsthaftigkeit: All das sind Strategien, um mit einer komplexen Realität klarzukommen. Aber es handelt sich eben auch immer um eine Vereinfachung, um nicht zu sagen Verblendung. Der Zynismus sieht in allem das Schlechte, Düstere, Erbärmliche – genauso, wie die toxische Positivität in allem das Großartige, Schöne und Hoffnungsvolle sieht.

Alles der Lächerlichkeit preisgeben – das geht immer. Zum Beispiel wenn man in seinen Zwanzigern ist, nichts mit seinem Leben anzufangen weiß und sich von der Welt entfremdet fühlt. So wie Nora, die Protagonistin von Ronja von Rönnes Debütroman *Wir kommen*. Über die Hausfrauen, deren Wochenhöhepunkt der Trip zu Kaufland ist, spottet sie, aber auch die urbanen Hipster kommen nicht gut weg:

> *Man wusste, ohne sich mit jemandem zu unterhalten, welche der drei in Frage kommenden Parteien man wählte, was man frühstückte, man wusste Gemüsekisten-Abo, man wusste geraspelte Avocadokerne, man wusste, dass die nette Weinhändlerin an der Ecke eigentlich vom Grasverkauf an Mittelstufensprecher lebte, man wusste Altbau, man wusste Kinderzimmer mit Schleichtieren, man wusste, dass Bioäpfel verschrumpelt sein müssen, sonst sieht ja keiner, was für Opfer man bringt [...].*[38]

Man kann Menschen als Teil von Milieus beschreiben, und weil jedes Milieu seine Manierismen hat, müssen diese Menschen zwangsläufig wirken wie austauschbare Abziehbildchen. Das ist unfair und lustig, also in einem Roman genau richtig. Aber im echten Leben ist es vor allem Ausdruck von Bequemlichkeit: Sarkasmus ist oft billig; für das Schöne, das Besondere muss man sich anstrengen. Genau hinschauen. Zyniker tun gerade das nicht mehr. Sie haben aufgegeben.

Von der Realität losgelöste Blasen sind beide Weltsichten, der Zynismus ebenso wie die toxische Positivität. »Was der Bauer nicht kennt, frisst er nicht«, lautet ein etwas derber Spruch, den wir, die wir in der Provinz aufgewachsen sind, nur zu gut kennen: Menschen bleiben gern beim Gewohnten. Deswegen funktioniert die Blasenbildung in den sozialen Medien auch so gut. Man umgibt sich gern mit Menschen, die das eigene Weltbild teilen. Das hat den Vorteil, dass man sich nicht täglich mit Leuten abgeben muss, die man am liebsten auf den Mond schießen würde. Das ist erst mal praktisch. Auf lange Sicht schränkt es aber den Blick auf die Welt ein. Wenn man sich immer nur in Gleichgesinnungssoße mariniert, macht das das Fleisch mürbe (und das ist schon schwach genug, wofür der Mitte Januar schon wieder verworfene Neujahrsvorsatz »Mehr Sport!« das beste Beispiel ist).

Das Besondere an den Blasen namens »toxische Positivität« und »Zynismus« ist nun aber, dass man sie auch ganz allein bewohnen kann: Sie sind Komfortzonen, die auf einer bestimmten Weltinterpretation beruhen und durch Verdrängungsmechanismen abgesichert werden. Mit ihrer Hilfe lässt sich die kognitive Dissonanz, das unangenehm nagende Gefühl, dass da etwas nicht stimmt, auflösen. Es entsteht, wenn Ereignisse wahrgenommen werden, die nicht den überzogen positiven oder überzogen negativen Erwartungen entsprechen.

In all ihrer Gegensätzlichkeit sind sich beide Seiten möglicherweise sogar näher, als man meint. »In jedem Zyniker steckt ein enttäuschter Idealist«, sagte der mittlerweile verstorbene Komiker George Carlin. Wenn man das weiterdenkt, könnte man zu dem Schluss kommen, dass die rosarote und die schwarz getönte Brille vom selben Optiker kommen. Wie das läuft? Vielleicht so: Du stolperst etwas naiv in die Welt hinein und willst an das Gute glauben. Man sagt dir, du kannst alles schaffen, wenn du nur daran glaubst. Also versuchst du, positiv zu bleiben. Es passiert Schlimmes, doch du lächelst. Und verdrängst. Und lächelst wieder und wieder. Aber irgendwann ist der Kipppunkt erreicht: Dein Optimismus ist abgeschmolzen wie das Hitzeschild einer Raumkapsel beim Wiedereintritt in die Atmosphäre. Du kannst einfach nicht mehr verdrängen, dass die Welt alles andere als perfekt ist. Du scheiterst, Träume sterben. Die Enttäuschung macht sich breit. Und dann der Zynismus. Und plötzlich ist dein Kompass umgepolt in die Gegenrichtung: Wo früher alles eitel Sonnenschein war, ist nun alles nichtig und leer. Du verdrängst wieder – nämlich dass es den Sonnenschein natürlich durchaus gibt, nur nicht immer.

Beide Extreme sind Quatsch. Es fehlt wahlweise an kritischem Denken oder am Blick für die Schönheit des Lebens, aber auch für die Möglichkeiten, die sich ja tatsächlich immer mal bieten, wenn man ein wenig offen ist und nicht alles gleich mit »das wird eh nichts« abtut.

Wie geht es besser?

Wir begeben uns jetzt auf die Suche nach Antworten – nach einem gesunden Mittelmaß zwischen Pechschwarz und Feenzauberrosa. Und weil die Kyniker oben so schlecht weggekommen sind, stellen wir uns dabei, quasi als Versöhnungsgeste, zumindest in einer bestimmten Hinsicht dann doch in die Tradition des bereits erwähnten Diogenes von Sinope. Der soll nämlich nicht nur neben den Straßenkötern auf dem Marktplatz von Athen gewohnt haben, sondern auch am helllichten Tag mit Laterne herumgelaufen sein, um, ja was eigentlich? Licht ins Helle zu bringen? Es ist jedenfalls mit an Sicherheit grenzender Wahrscheinlichkeit auszuschließen, dass sein eigentümliches Verhalten Ergebnis der Tatsache war, dass er in seinem Tiny-House-Vorläufer einen Ouzo zu viel gebechert hat. Schließlich war Diogenes wassertrinkender Asket, und der Ouzo wurde erst viel später erfunden. Hinter dem Laternenumzug steckte vielmehr tatsächlich so etwas wie ein ethisches Programm. Als man Diogenes fragte, was er damit bezwecke, entgegnete er, er suche »einen Menschen«. Gemeint war: einen ehrlichen, echten, guten Menschen. Heute würde er vielleicht sagen, er sei auf der Suche nach *Authentizität* – vielleicht wäre ihm das Wort aber auch zu prätentiös.

Wir jedenfalls haben uns davon inspirieren lassen und zünden, obwohl es draußen in dem Moment, in dem wir das hier schreiben, 11:34 Uhr ist, unsere Laternen an, spazieren in die Fußgängerzone und rufen: »Hallo, gibt's hier irgendwen, der echt ist?« Da hallt es zurück: »Definiert doch erst mal ›echt‹, dann reden wir weiter!«

Oje, dafür brauchen wir ein eigenes Kapitel.

DREI

Wieder nüchtern werden

Realisten essen Butterbrot

Toxizität beginnt dort, wo die Fülle des Lebens auf ein einzelnes Narrativ verengt wird. Was nicht reinpasst, wird passend gemacht oder verdrängt. Das allein ist noch nicht toxisch, immerhin tun wir das alle zu einem bestimmten Grad: Klischees, Vereinfachungen und Routinen helfen uns, überhaupt handlungsfähig zu sein in einer Welt, in der Myriaden an Informationen auf uns einprasseln. Wenn aber Narrative undurchlässig für Fakten werden und wenn sie zugleich in der öffentlichen Debatte ein erhebliches Momentum entwickeln, haben wir ein Problem: Menschen sind ja soziale Wesen, sie suchen die Bestätigung der Gruppe. Also gravitieren viele dorthin, wo schon andere sind. Sie lassen sich von der Schwerkraft des Narrativs einfangen. Fertig ist die wohlige Echokammer, in der es immer genauso zurückschallt, wie man hineinruft.

Im Falle der toxischen Positivität heißt das zum Beispiel: Menschen beginnen zu glauben, es sei gesellschaftlich inakzeptabel, Probleme als Probleme darzustellen; also schlucken sie ihre Sorgen runter. Aber auch der Zynismus ist toxisch: Menschen beginnen hinter jedem Handeln nur die niedersten Motive und hinter jeder Hoffnung nur Illusionen zu vermuten; sie glauben, die Wirklichkeit sei nichts als eine codierte Niedergangserzählung, die es zu entschlüsseln gilt.

In der von Social Media befeuerten öffentlichen Debatte scheinen diese beiden Geschmacksrichtungen zu dominieren: aufgekratzt-fröhlich oder zynisch-bitter. Studien zeigen, dass man sogar die Plattformen danach sortieren könnte.[39]

Das Posting-Ethos auf Instagram ist zartrosa: Ich zeige nur meine beste Seite. Die Prämisse: Die Welt ist gut.

Das Posting-Ethos auf Twitter ist rabenschwarz – ich empöre mich. Die Prämisse: Die Welt ist böse.

In der von Algorithmen bestimmten Aufmerksamkeitsökonomie gewinnen am Ende immer die Extreme. Alles supertoll oder superschlimm. Infinitypool bei Sonnenuntergang oder »Leute, morgen geht die Welt unter!«. Himbeer-Zuckerwatte mit Sirup oder saure Lunge mit extra Essig. Aber, nun ja, wie das eben so ist mit gaumenkitzelnden Geschmacksexplosionen: Zu viel davon verdirbt den Magen.

Gibt es auch eine Variante, von der einem nicht schlecht wird? So was wie »Butterbrot mit ein wenig Schnittlauch«? Wir haben jedenfalls keine Lust mehr auf noch mehr Polarisierung und Panik. Hinter uns liegen die Zehnerjahre, in denen wir jede Selbstinszenierung mitgemacht und uns über jeden Quatsch aufgeregt haben. Dann kamen die frühen Zwanziger und mit ihnen der Ernstfall. Befürchtungen haben sich bewahrheitet oder wurden sogar übertroffen: Weltweite Seuchen sind kein hypothetisches Problem mehr, Krieg ist in Europa wieder eine Realität, Inflation ist nicht mehr nur eine Urgroßeltern-Anekdote. Und gab es nicht auch noch diesen Klimawandel? Es ist offensichtlich: Die Krisenhaftigkeit der Gegenwart ist gekommen, um zu bleiben. Und in der Krise helfen weder rosarote Brille noch Schwarzmalerei.

Dann doch lieber Caffè-Latte-Beige. Beige ist im wahrsten Sinne des Wortes durchschnittlich. So durchschnittlich sogar, dass Beige als die Durchschnittsfarbe des Universums herauskommt, wenn man alle sichtbaren Farben des Kosmos zusammenmanscht.[40] Es ist unaufgeregt, nicht besonders sexy, macht aber seinen Job. Und darauf kommt es an. Würdest du gern in einem unerwartet an Höhe verlierenden Flugzeug sitzen, dessen Pilotin wahlweise »Das wird schon, wenn wir nur feste dran glauben« oder »Wir werden alle sterben« proklamiert? Nein, wir brauchen Menschen, die mit kühlem Kopf handeln. Menschen, die Fakten Beachtung schenken und sich nicht von vereinfachenden Weltbildern gefangen nehmen lassen. Die differenziert denken.

Wir brauchen Realisten.

Aber was ist das eigentlich, ein Realist? Gar nicht so einfach zu beantworten, denn die unterschiedlichsten Leute nehmen das Label »Realist« für sich in Anspruch. Es wird dann synonym zu »Ich habe letzten Endes recht« verwendet: Die Optimistin behauptet, sie sei eigentlich ja Realistin, weil sie im Gegensatz zur Pessimistin einen Blick für die realen Chancen des Lebens habe. Und die Pessimistin behauptet, sie sei Realistin, weil ihr Blick auf das Leben schonungslos sei. Die Wahrheit liegt dann wohl irgendwo in der Mitte, irgendwo zwischen Rosa und Schwarz.

Ein echter »Wirklichkeitsmensch« zu sein – so lautet das im *Duden* verzeichnete Synonym für Realisten – ist jedenfalls eine ziemliche Herausforderung. Das ist uns klar geworden, als wir uns einfach mal gegenseitig auf die Finger geschaut haben:

Manchmal blicken wir nüchtern auf die Welt. Zum Beispiel waren wir beim Schreiben dieses Buches ziemlich treffsicher darin, unklare Formulierungen aufzuspüren – jedenfalls, wenn es um die Formulierungen des jeweils *anderen* ging.

Manchmal sind auch wir hoffnungslose Optimisten. Wenn seine Lieblingsmannschaft drei Minuten vor Abpfiff 0:2 hinten liegt und jeder normale Mensch schon den Fernseher ausmacht, ist Franz sich sicher: Das drehen wir noch!

Manchmal ist aber auch das genaue Gegenteil der Fall: Wir können uns dann überhaupt nicht vorstellen, dass etwas *nicht* in die Binsen geht. Judith malt sich auch schon bei der kleinsten Ausscheidungsanomalie ihres Dackels sofort einen sich anbahnenden Hundedurchfall aus, der sie dazu zwingen wird, in dieser Nacht siebenmal Gassi gehen zu müssen.

Sind wir also Realisten? Bestenfalls hin und wieder. Und wir denken, dass das vielen so geht. Bei uns sind es Dackelhäufchen und Spielstandsprognosen, bei dir vielleicht etwas ganz anders. Aber uns alle verbindet, dass unsere jeweilige Sicht auf die Welt volatil ist. Einem vollkommenen Realisten, einem unbestechlichen Prognostiker, jemandem, der die goldene Mitte immer zielgenau findet, sind wir jedenfalls noch nicht begegnet.

Es gibt freilich Leute, die sich als Realisten *inszenieren.* Sogenannte Realpolitiker zum Beispiel, die bei der bürgerlichen Mitte punkten wollen. Oder Naturwissenschaftlerinnen, die so tun, als könne man auch noch die düstersten Seelenregungen mithilfe von Zahlen und Formeln in den Griff kriegen. Aber sind wir ehrlich, es gehört zur *conditio humana,* nie reiner Wirklichkeitsmensch sein zu können. Auch Realpolitikerinnen lassen sich mal von Stimmungen mitreißen, neigen mal zur Selbstüberschätzung, verlieren ihre Bodenhaftung. Und auch Ingenieure müssen mal weinen.

Vielleicht sollten wir mal Fahndungsplakate aufhängen. Darauf abgebildet – unter der fett gedruckten Überschrift »Realist gesucht« – ein gediegener Herr, eine Mischung aus dem Monopoly-Mann und Armin Müller-Stahl mit Zylinder. Darüber eine Sprechblase: »Guten Tag. Ich pflege mir stets ein ausgewogenes Bild von der Sachlage zu machen, um nach einer gründlichen Abwägung der Argumente die einzig richtige Schlussfolgerung zu ziehen.« Klingt reichlich unrealistisch, dieser perfekte Realist?

Brechen wir es mal herunter: Ein Realist lässt sich von der Vernunft leiten. Der Alltag lehrt indes, dass einiges dran ist an der Theorie des großen schottischen Philosophen David Hume (1711–1776). Er postulierte, dass es die *Affekte* sind, die unser Handeln motivieren; die Vernunft steht bedröppelt daneben und schaut passiv zu. Der Bauch gibt den Ton an, nicht der Kopf.

Doch selbst wenn der Kopf den Ton angäbe, wäre der Kopf ein recht unzulängliches Instrument. Wir sind Lebewesen, die unter ganz spezifischen evolutionären Bedingungen geformt wurden. Unser Gehirn ist keine objektive Welterkennungsmaschine. Wir wissen heute, dass selbst die klügsten Zeitgenossen von einer Unzahl kognitiver Verzerrungen beeinflusst sind.

Es ist geradezu skurril, von welchen Fehleinschätzungen wir regelmäßig geplagt werden. Wir kennen mittlerweile Phänomene wie den Dunning-Kruger-Effekt, der Unwissenheit mit Selbstüberschätzung in Beziehung setzt. Beispiel Autofahren: »In die Parklücke komm ich locker rein!« Im Alltag begegnet uns eine Vielzahl solcher Verzerrungen. So sagen wir etwa, wenn ein Ereignis eintritt, gerne »Das war ja eh klar«. Damit bewerten wir jedoch rückblickend die Vorhersehbarkeit des Ereignisses fälschlicherweise als zu hoch.[41] Die Psychologen Daniel Kahneman und Amos Tversky haben über Jahrzehnte hinweg in ihren Forschungen eindrücklich aufgezeigt: Unser Gehirn denkt häufig nicht logisch und kalkulierend, sondern emotionsgeleitet. Impulsivität ist ein kollektives Menschheitsproblem. Sie führt dazu, dass wir dauernd zu optimistisch oder zu pessimistisch sind.

Vielleicht hast auch du schon mal die Hände über dem Kopf zusammengeschlagen und dich gefragt: Wie kann jemand, der so schlau ist, nur so dumm sein? Der französische Psychologe Jean-François Marmion hat zu dem Thema einen lesenswerten Sammelband herausgegeben: *Die Psychologie der Dummheit*. Darin wird unter anderem die Frage thematisiert, warum Leute, die man für Genies hält, manchmal komplett danebenliegen. Der Apple-Gründer Steve Jobs zum Beispiel sah schon in den Siebzigern das Bedürfnis der breiten Masse voraus, einen leicht bedienbaren Heimcomputer besitzen zu wollen. Mit dieser Weitsicht machte er aus einer kleinen kalifornischen Hardware-Klitsche einen Weltkonzern. Doch Anfang der Nullerjahre wurde bei ihm ein Tumor diagnostiziert. Der sonst so fortschrittsaffine Jobs weigerte sich zunächst, sich operieren zu lassen. Erst nach Monaten, in denen er auf alternative Heilmethoden ohne wissenschaftliche Grundlage gesetzt hatte, erklärte er sich zu einer OP bereit. Das war 2004. Im Jahr 2011 erlag er dem Krebs.

Wenn offenkundig intelligente Menschen irrational handeln, verstört uns das. Dabei kommt es häufiger vor, als wir denken. Oft – so auch im Falle des überzeugten Vegetariers und Buddhisten Jobs – überlagern Grundüberzeugungen, die zur Selbstdefinition gehören, die rationale Entscheidungsfindung. Ein vollkommener Realist könnte diese Faktoren ausblenden. Er könnte die Wirklichkeit im Jetzt und in der Zukunft in all ihren Facetten und Deutungen umreißen und daraus eine 100 Prozent nüchterne Weltsicht destillieren. Aber das wäre dann kein Mensch mehr, und offen gestanden auch keine Maschine im herkömmlichen Sinne. Es wäre eine gottgleiche Intelligenz. Deshalb ist der echte Realismus auch nicht mehr und nicht weniger als ein Ideal, nach dem wir streben können.

Es gibt also keine vollkommenen Wirklichkeitsmenschen. Aber wie wäre es mit der zweitbesten Variante: Menschen, die die

Wirklichkeit zwar nicht für sich gepachtet haben, sich ihr aber zumindest mit allen zur Verfügung stehenden Mitteln annähern wollen? Die gegen die Strömung der menschlichen Dummheit, gegen Polarisierung und Toxizität anpaddeln?

Wären wir jetzt im antiken Athen und ließen uns von Sokrates beraten, flüsterte er uns ins Ohr: »Klar gibt es die. Man nennt sie Philosophen.« Sokrates' Vorstellung war nämlich, dass genau das der Inhalt philosophischen Denkens sein sollte: nach den ewigen Ideen zu streben, indem wir unsere Vernunft einsetzen, so gut es eben geht. Indem wir prüfen und forschen und offen bleiben für neue Erkenntnisse, statt uns von simplifizierenden Narrativen einlullen zu lassen.

Sokrates wurde von einem aufgebrachten Mob zum Tode verurteilt, nachdem er sehr viele Männer auf dem Marktplatz mit unangenehmen Fragen gelöchert hatte. Der radikale Vernunftgebrauch ist also unter alltagspraktischen Gesichtspunkten nicht immer die schlauste Handlungsoption. Insofern stimmt, was der chinesische Philosoph Zhuāngzǐ sagte: »Helden gelten unterm Himmel als fähig, dennoch gelingt es ihnen oft nicht, ihr Leben bis zum Ende auszukosten. Ich weiß nicht, ob ihre Fähigkeiten wirklich als Fähigkeiten anzusehen sind oder nicht vielmehr als Unfähigkeit.«

Wir haben aber noch mal auf unsere Smartwatches geschaut und festgestellt, dass wir im 21. Jahrhundert leben. Und siehe da: Heute gibt es sogar Leute, die dafür bezahlt werden, sich wie einst Platon der Suche nach bedeutsamem Wissen zu verschreiben. Sie heißen Wissenschaftler. Und in der Tat lässt sich von ihnen einiges lernen.

Wie eine Forscherin denken

In dem Moment, in dem du das hier liest, sitzen Millionen Wissenschaftlerinnen und Wissenschaftler in einem Labor, einer Bibliothek, beugen sich über einen Rechner, puzzeln an einem Whiteboard an Formeln oder diskutieren auf einer Tagung. Sie alle arbeiten zusammen an dem großen Projekt Weltverständnis. Unser Land und die meisten anderen Industriestaaten investieren riesige Summen in Wissenschaft und Forschung. Sie finanzieren Einrichtungen vom Lehrstuhl bis zum Teilchenbeschleuniger, und das ist meist kein Schnäppchen: Der Bau des Large Hadron Collider am Europäischen Kernforschungszentrum Cern in der Schweiz kostete fünf Milliarden Franken – und da sind die dazugehörigen Messinstrumente noch nicht mal inbegriffen.[42]

Unsere Gesellschaft hat sich darauf geeinigt, dass es Institutionen geben soll, deren einzige Aufgabe es ist, in einer gigantischen, über Ländergrenzen hinweg koordinierten Anstrengung Wissen zu erzeugen. Das mag selbstverständlich klingen, ist es aber nicht. Die Wissenschaft ist das größte Wunder unserer Zeit.

Ihre Entwicklung hat nicht weniger als ein Jahrtausend gedauert und verlief nicht immer geradlinig. Im Mittelalter entstanden in Europa die Universitäten. So richtig los ging es im schönen Bologna im Jahr 1088, gefolgt von der Pariser Sorbonne 1257. Plötzlich war Wissenschaft ein richtiger Beruf. Der Stand der Professoren erblickte das Licht der Welt. Diese Herren – immer männlich in jenen Tagen – waren allerdings keine Forscher im heutigen Sinne, sondern eher Lehrer, die bestehendes Wissen weitergaben. Dennoch war die Universität eine bemerkenswerte Neuerung: Sie bildete den Grundpfeiler eines Systems selbstverwalteter Körperschaften, das über die Grenzen von Ländern und Königreichen hinweg funktionierte und es den wanderlustigen Studenten ermöglichte, an verschiedenen europäischen Orten eine Ausbildung in Theologie, Medizin oder Recht zu erhalten.

Forschung, wie wir sie heute verstehen, entwickelte sich erst in der Frühmoderne: Die Herrscher der Renaissance erhofften sich durch neue Erfindungen ein Mehr an Prestige und Macht. Sie protegierten die Gelehrten und stellten ihnen Laboratorien und Sammlungen zur Verfügung. Natürlich kamen nur einige wenige in den Genuss, ungestört am Hof forschen zu dürfen. Das änderte sich langsam im 17. Jahrhundert. In England entstand mit der Royal Society im Jahr 1660 eine nationale Wissenschaftseinrichtung, in der zum ersten Mal ein regelmäßiger Austausch über neue Entdeckungen an einem zentralen Ort stattfand. Man darf sich diese erlesene Gesellschaft nicht wie eine moderne Wissenschaftsakademie vorstellen, sondern eher wie einen Gentlemen's Club zur Langeweilebekämpfung. Hier traf sich der Landadel, der nicht in die Verwaltung des Empire eingebunden war und zudem genug Geld hatte, um sich dem Forschen als Hobby zuzuwenden.

Im Frankreich des Ancien Régime, also der Zeit vor der Revolution 1789, gab es erstmals Berufsforscher, die von öffentlicher Hand finanziert wurden: Der französische Staat war darum bemüht, fähige Experten zu rekrutieren. Der Leistungsgedanke zog ein. Systematischer und breiter vollzog sich die staatliche Forschungspolitik dann ab dem frühen 19. Jahrhundert, als die Universität zur wichtigsten Wissenschaftseinrichtung wurde. Forschung und Lehre fanden nun an ein und demselben Ort statt. Als Modell galt die 1809 gegründete Berliner Universität, die vom preußischen Wissenschaftspolitiker Wilhelm von Humboldt konzipiert wurde und mittlerweile nach ihm benannt ist. Forschung sollte hier in »Einsamkeit und Freiheit« stattfinden können, ohne Zensur und ohne von äußeren Zwecken behelligt zu werden.

Aus diesen Wurzeln wuchs der Baum der heutigen Wissenschaft. Von den mittelalterlichen Universitäten ließ sich lernen, dass es zunächst einmal ein Netzwerk von Institutionen braucht; von der höfischen Wissenschaft, dass Gelehrte, die etwas Neues schaffen wollen, Förderung und Schutz brauchen. Mit der englischen Amateurwissenschaft kam die Idee ins Spiel, Wissenschaftler sollten von Neugier und uneigennützigem Erkenntnisinteresse getrieben werden; mit dem französischen Staatsexpertentum die Idee, dass Wissenschaft eine Meritokratie zu sein habe, also ein System, das fachliche Exzellenz honoriert. Die reformierte preußische Universität steuerte schließlich die Erkenntnis bei: Wer will, dass die Gesellschaft von Forschergeist geprägt sein soll, braucht leistungsfähige Universitäten, die das Forschen professionalisieren.

Die Wissenschaft, wie wir sie heute kennen, genießt seither ein hohes Maß an Autonomie – einen besonderen Schutz des Staates, der sicherstellt, dass die Forschenden in ihrem Streben nach neuem Wissen auch wirklich ihrem eigenen Ermessen folgen können. Ein Professor wird zwar vom Staat bezahlt, hat aber deutlich mehr Gestaltungsmöglichkeiten als, sagen wir, ein Verwaltungsdirektor: Er ist nicht an Weisungen von oben gebunden, er kann entscheiden, woran er forscht, wie er das tun will und was er in seinen Vorlesungen sagt.

Zugleich folgen Wissenschaftlerinnen und Wissenschaftler einer Art Verhaltenskodex, der sicherstellt, dass die Freiheiten, die ihnen zugebilligt wurden, auch wirklich für produktives Forschen genutzt werden. Der Soziologe Robert Merton hat dieses wissenschaftliche Berufsethos so beschrieben: Forschende teilen ihr Wissen untereinander (er nennt das *Kommunismus,* wobei das nicht politisch, sondern ideell gemeint ist). Sie streben nach Wissen, ohne dabei ihre eigenen Interessen im Blick zu haben (Mertons Begriff dafür: *Uneigennützigkeit*). Sie schenken jeder wissenschaftlichen Meinung Gehör, egal welcher Herkunft, welchen Geschlechts, welcher Stufe auf der Karriereleiter – es zählt nur die Qualität der Argumente (*Universalismus*). Diese Argumente prüfen sie gründlich; das kritische Nachfragen gilt hier nicht als Ausdruck böswilliger Skepsis, sondern ist Teil des Alltags (*organisierter Skeptizismus*).[43]

Eine Idealvorstellung? Sicherlich. Immer wieder hört man, dass die Wissenschaft heute nicht immer diesen Werten gerecht wird, zum Beispiel weil externe Forschungsgelder eine große Rolle spielen und dadurch die Interesselosigkeit in Gefahr gerät oder weil eine Wissenschaftlerin, die Professorin werden möchte, so viel publizieren muss, dass sie oft nicht mehr Zeit hat für gründliches Nachdenken. Und doch ist die Wissenschaft eine Institution geblieben, die erstaunlich erfolgreich neues Wissen erzeugt. Wir merken das im Kleinen, wenn wir Alltagstechnologien nutzen, die unser Leben erleichtern und die auf jahrzehntelanger Forschung basieren, von der Aspirin-Tablette bis zum Smartphone. Und wir spüren es im Großen, wenn wir die Bilder des James-Webb-Weltraumteleskops betrachten, die uns einen unfassbar tiefen Blick ins Universum ermöglichen.

Die Wissenschaft ist die einzige Domäne unserer Gesellschaft, die primär vom Leitwert der Wahrheit geprägt ist. Das heißt nicht, dass jeder, der Wissenschaft betreibt, die Wahrheit für sich gepachtet hätte. Es ist eher das Gegenteil der Fall: Gerade weil die Wissenschaftlerin in ihrem Bereich tiefes Wissen hat, ist ihr bewusst, wie unzulänglich dieses Wissen ist und wie viel es noch zu entdecken gibt. »Ich weiß, dass ich nichts weiß« ist der vielleicht berühmteste Satz des Sokrates. Der Philosoph Karl Popper hat vorgeschlagen, diesen Gedanken, der die Wissenschaft prägt, auch für die politische Gestaltung der Gesellschaft zu übernehmen: Ich taste mich langsam vor, Stück für Stück, ich folge dem Prinzip von Versuch und Irrtum.

> *Wie Sokrates weiß der Stückwerk-Ingenieur, wie wenig er weiß. Er weiß, dass wir nur aus unseren Fehlern lernen können. Daher wird er nur Schritt für Schritt vorgehen und die erwarteten Resultate stets sorgfältig mit den erreichten vergleichen [...].*[44]

Die Wissenschaft hat sich der Wahrheit verschrieben, sie ist aber kein Automat, der Wahrheiten ausspuckt. Absolute Wahrheiten gibt es höchstens in der Logik und der Mathematik, in Disziplinen also, die abgeschlossene Systeme darstellen. Wenn man am Anfang Axiome und Regeln aufstellt, dann sind innerhalb des Systems eindeutig wahre oder eindeutig falsche Aussagen möglich: »4 + 3 = 7« ist in der Arithmetik eindeutig wahr. Dagegen ist »Ein Dreieck hat eine Innenwinkelsumme von 181 Grad« eindeutig falsch, denn im Rahmen der Geometrie haben Dreiecke nun mal eine Winkelsumme von genau 180 Grad.

Anders sieht es bei den Naturwissenschaften aus. Sie können sich höchstens langsam Richtung Wahrheit vortasten, denn sie arbeiten empirisch, das heißt, sie versuchen der Natur ihre Geheimnisse zu entlocken, indem sie beobachten, messen, Experimente machen. Die Ergebnisse dieser Forschungen versuchen die Wissenschaftler dann zu möglichst widerspruchsfreien Theorien zusammenzufügen. Natürlich funktioniert das auch andersherum: Oft gibt es bereits vorher eine Theorie, auf deren Grundlage sich Vorhersagen darüber machen lassen, wie die Natur sich verhalten wird. Trifft die Vorhersage zu, bekräftigt das die Theorie. Ein berühmtes Beispiel: Als sich am 29. Mai 1919 über der Karibik eine Sonnenfinsternis ereignete, beobachteten Astronomen die Sterne, die sich neben der vom Mond verdunkelten Sonne zeigten. Ihre Positionen waren so verschoben, wie es die Allgemeine Relativitätstheorie, die Albert Einstein vier Jahre zuvor in einem Aufsatz veröffentlicht hatte, vorhersagte. »Lichter am Himmel alle schief – Einsteins Theorie triumphiert«, titelte damals die *New York Times*. Albert Einstein war zum wissenschaftlichen Weltstar aufgestiegen.

Doch nur weil eine Theorie ein Ereignis erfolgreich vorhersagt, ist die Theorie dadurch nicht »bewiesen«. Es könnte jederzeit eine Beobachtung daherkommen, die die Theorie umschmeißt – auch wenn tausend andere Beobachtungen vorher *für* und nicht *gegen* die Theorie sprachen. Passiert das, ist das kein Grund, sich zu ärgern. Im Gegenteil: Wenn Theorien einstürzen, kommt das einem wesentlichen Fortschritt gleich, denn dann wissen die Wissenschaftler wenigstens mit Sicherheit, dass sie sich etwas Neues einfallen lassen müssen. Eindeutigkeit gibt es nur, wenn es um die Frage geht, welche Theorien *nicht* funktionieren. Insofern ist die Wissenschaft eigentlich keine Jagd nach der Wahrheit, sondern eher eine Jagd nach dem Irrtum.

Im Falle von Covid-19 konnten wir diesen Prozess alle live miterleben: Als Anfang 2020 die Pandemie Deutschland erreichte, gab es große Verunsicherung in der Bevölkerung. Die Informationen über das Coronavirus waren zunächst spärlich gesät – niemand wusste wirklich, wie genau es sich verbreitet, wie wir es am besten bekämpfen können und welche gesundheitlichen Folgen eine Infektion bei welcher Personengruppe auslöst. Experten wie der Virologe Christian Drosten waren darum bemüht, die Öffentlichkeit auf dem Stand der Forschung zu halten, aber der Stand der Forschung war eben zunächst ein bescheidener. Mit zunehmend besserer Datenlage wurden die Thesen der Wissenschaft zwar fundierter, doch die Situation blieb schwierig, da sie es mit einem dynamischen Geschehen zu tun hatten: Neue Virusvarianten tauchten auf, die politisch verordneten Schutzmaßnahmen änderten sich, das Verhalten der Bevölkerung ebenso. Eine Gleichung mit unzähligen Variablen.

Wenn Wissenschaftler also im Januar 2021 eine Aussage trafen, die sie im Januar 2022 wieder revidierten; wenn wissenschaftliche Experten sich widersprachen; wenn zu manchen Zeitpunkten überhaupt keine Aussagen getroffen werden konnten – dann war das kein Zeichen für eine defizitäre Wissenschaft, sondern nur dafür, dass sie eben Stückwerk ist. Darauf mit dem Finger zu zeigen und zu sagen, das beweise ja wohl, dass die Wissenschaft »gelogen« habe, ergibt genauso wenig Sinn wie die Suche nach dem einen »Schuldigen«, der »nicht im Recht war«. Das ist das große Missverständnis, dem selbst ernannte »Wissenschaftsskeptiker« aufsitzen. Sie denken, die Wissenschaft sei nur dann glaubhaft, wenn sie mit einer Stimme spräche. Es ist vielmehr andersherum: Gerade die Vielstimmigkeit der Ansichten, das Streiten und Revidieren, ist es, was den Forschergeist so wirkmächtig und wirklichkeitsnah macht.

Will man die Leistungsfähigkeit der Wissenschaft einer skeptischen Prüfung unterziehen, ist es nicht fair, nur auf Momentaufnahmen zu schauen. Die Frage ist ja: Wird die Wissenschaft über ihr Stückwerk auf lange Sicht besser darin, Phänomene zu erklären und Vorhersagen zu treffen? Nicht nur im Fall von Covid, sondern auch in unendlich vielen anderen Fällen hat sie genau das nachgewiesen. Sie ist ein Verfahren zur Annäherung an die Wahrheit, jedoch keine Garantie für absolut wahre Aussagen.

Wie eine Forscherin denken, das heißt: unbequem sein. Bereit sein, seine Leittheorien über den Haufen zu werfen, wenn neue Erkenntnisse dazukommen. Die Augen offen zu halten. Kritikfähig zu bleiben. Nicht alles persönlich zu nehmen. Wir haben in den ersten beiden Kapiteln gesehen, dass das Denken vieler Menschen genau andersherum funktioniert: Es beruht darauf, nur diejenigen Erkenntnisse in seine Leittheorie aufzunehmen, die ihr nicht gefährlich werden können. Ziel ist ein Weltbild, das den subjektiven Erfahrungen entspricht und möglichst wenig wehtut.

Und das kann man irgendwie auch verstehen. Durch das Internet sind unzählige Informationen unterschiedlicher Güteklasse parallel verfügbar. Das krude Verschwörungsnarrativ ist nur einen Klick von der Webseite der Max-Planck-Gesellschaft entfernt, das Interview mit der Nobelpreisträgerin nur einen Fingerwischer von Hans Mustermanns Youtube-Kanal, auf dem er endlich mal vom Stapel lassen kann, was er am Stammtisch nicht unterbringen konnte. Und natürlich findet sich auch Quatsch, der in eigentlich seriösen Medien gedruckt wird oder den Mund von Leuten mit Professorentitel verlässt; andererseits trifft man dort auch auf sehr viele schlaue Gedanken von Leuten, die in den Nischen des Netzes unbeachtete Blogbeiträge verfassen.

Die Anforderungen an die Interpretation und Gewichtung von Informationen sind also so hoch, dass wir sie mit unseren kognitiven Mitteln eigentlich gar nicht vernünftig bewältigen können: Man hat das Gefühl, man sei im Dschungel mit einem kaputten Kompass, drei Kartoffeln und einem Löffel ausgesetzt worden. Wer den Wald vor lauter Lianen nicht sieht, sucht nach Abkürzungen. Das ist kein Zeichen von Dummheit, sondern ein natürlicher Reflex: Wo die schiere Informationsmenge das eigene Verarbeitungspotenzial überschreitet, muss man Komplexität reduzieren. Eine beliebte Abkürzung ist Subjektivität: Anstatt zu fragen, wie sich mit einer Sache *im Allgemeinen* verhält, frage ich, wie sie sich *für mich* darstellt.

Einer unserer absoluten Lieblingssätze dazu ist ja: »Ich kenn jemanden, der ist daran gestorben.« Der lässt sich für alles Denkbare verwenden. Autofahren. Fliegen. Radfahren. Surfen. Fremde

Speisen essen. Bei Regen rausgehen. Bei Sonnenschein rausgehen. Mit Gas kochen. Auf Leitern steigen. Wein trinken. Ein Kind gebären. Atmen.

Jemand kennt jemanden, der ist daran gestorben: Das sollte einem doch eine Warnung sein, oder? Klar, ein Risiko fühlt sich realer an, wenn man die Person kennt, die es dann tatsächlich getroffen hat. Aber die entscheidende Frage ist doch: Wie groß ist ein Risiko in konkreten, belastbaren Zahlen? Jedes Jahr kommen in Deutschland angeblich um die zweihundert Menschen beim Aufstehen aus dem Bett zu Tode; deshalb den ganzen Tag nur in der Horizontalen zu verbringen wäre eine vielleicht reizvolle, aber letztlich unvernünftige Idee. Immerhin überleben nach Adam Riese ungefähr 84 Millionen Menschen jährlich die morgendlichen Schrecken des Sich-aus-dem-Bett-Erhebens schadlos.[45]

Warum halten wir so krampfhaft an anekdotischem Wissen fest? Zum einen sicher, weil wir Geschichten mögen und weil das Erzählen von Geschichten jahrtausendelang die beste Form der Tradierung von Wissen war. Zum anderen aber auch, weil es unsere erste Wissenserfahrung überhaupt ist. Von Kindesbeinen an gilt: Eigene Erlebnisse und Erzählungen von vertrauten Menschen sind der unmittelbare Weg, die Welt kennenzulernen. Das Problem ist nur, dass die meisten Phänomene, zu denen wir als Erwachsene eine Einschätzung vornehmen müssen, weit über die Grenzen unseres persönlichen Umfelds hinausreichen.

Einzelfallgeschichten sind, wenn man nüchtern auf die Welt blickt, mit Vorsicht zu genießen. Manchmal sind sie aber durchaus hilfreich: Wenn ich die Hypothese habe, alle Schwäne seien weiß, und mir begegnet plötzlich ein schwarzer Schwan, hat dieses eine Vorkommen tatsächlich einen handfesten Erkenntniswert. Ich muss dann meine Theorie vom Weißsein aller Schwäne einstampfen, und das aufgrund einer einzigen Erfahrung. (Genau das ist übrigens im Jahr 1697 passiert: Damals begegnete dem niederländischen Seefahrer Willem de Vlamingh in Australien das erste Mal ein schwarzer Schwan. Ein echter Schocker! Zuvor war für die Europäer der sprichwörtliche »schwarze Schwan« gleichbedeutend mit einer Sache gewesen, die nicht existiert.)

Meistens haben Einzelfälle indes nur einen sehr geringen Erkenntniswert. Dass Onkel Erwin von seiner Coronainfektion kaum etwas mitbekommen hat, was ihn zur Aussage verleitet, das Virus sei ja »nicht schlimmer als eine Grippe«, hilft Tante Elfie an der Beatmungsmaschine schlussendlich auch nichts. Es gab nun mal eine nicht unerhebliche Zahl schwerer Krankheitsverläufe, egal was Erwin sagt. Überhaupt sind Krankheitswahrscheinlichkeiten ein gutes – und vor dem Hintergrund unserer Lebensgeschichten nicht ganz zufällig gewähltes – Beispiel. Als Judith mit 37 ihre Diagnose bekam, kannte sie kaum jemanden, der unter vierzig war und Krebs hatte. Und als Franz Mitte zwanzig war, hatte er noch nie von jemandem gehört, der ein Nebennierenkarzinom hatte. Kein Wunder, ist diese Krebsart doch extrem selten. Aber das machte die Krankheit, die im Sommer des Jahres 2010 bei Franz' damaliger Partnerin Maxi festgestellt wurde, nicht weniger real.

Es ist möglich, dass Ereignisse vorkommen, die wir vor dem Hintergrund unseres eigenen Erfahrungshorizonts für unmöglich halten. Um mir ein gutes Bild von der Sachlage zu machen, reicht es eben nicht aus, mich nur auf *eine* Erfahrung zu beziehen – ich brauche so viele Erfahrungen, so viele Daten, wie ich nur kriegen kann. Und deshalb sollte ich am besten auf das zurückgreifen, was an Faktenwissen bereits da ist, auch wenn es jenseits meiner eigenen Erfahrungen liegt. Das ist der Geist der Wissenschaft: die Bereitschaft, sich mit dem bestehenden Wissen auseinanderzusetzen und daraus eine fundierte Position zu entwickeln. Praktisch jeder wissenschaftliche Fachaufsatz beginnt mit dem Forschungsstand: Bevor ich etwas Neues beitrage, rekapituliere ich erst einmal, wo wir als nach Wissen strebendes Kollektiv gerade stehen.

Viele Menschen bezweifeln heute, dass die Wissenschaft uns zur Orientierung im Informationsdschungel nützlich sein kann. Sie kapitulieren, glauben, wir seien *lost* und sollten uns am besten samt Kartoffeln und kaputtem Kompass einbuddeln – dann hätte wenigstens der Löffel seinen Zweck erfüllt. Immer mit der Ruhe: Die Wissenschaft mag keine perfekte Landkarte sein, und doch ist sie eine verdammt gute. Denn sie geht systematisch, rational und immanent selbstkritisch vor.

Wir erwähnen das, weil wir glauben, dass diese Haltung nicht nur im universitären Umfeld eine Berechtigung hat, sondern auch als Lebenseinstellung taugt. Denn gegen toxische Überzeichnungen aller Art hilft die Offenheit, die der Forscherinnengeist mit sich bringt: Er lehrt uns, sich nicht zu isolieren und ehrlich daran interessiert zu sein, wie sich die Welt jenseits unseres individuellen Erfahrungshorizonts darstellt.

Und doch kommt auch diese Denkweise manchmal an ihre Grenzen.

Wenn Pro-und-Kontra-Listen nicht weiterhelfen

Es ist heute nicht ganz einfach, über die Grenzen der Rationalität und des wissenschaftlichen Denkens zu reden. Denn es gibt eine breite antiwissenschaftliche Bewegung, mit der wir nichts am

Aluhut haben wollen. Sie wartet nur darauf, Argumente für ihre Zwecke zu verunstalten. Da kann der Deutsche Wetterdienst noch so fundiert belegen, dass die Zahl der extrem heißen Tage in den letzten Jahren zugenommen hat. Auf Facebook liest man dann trotzdem Kommentare wie: »Also, ich glaub das nicht. Der vorletzte Sommer war ja total kalt. Bestimmt haben die einfach die Statistik gefälscht!«

So gerne man solche Nutzer einfach nur kommentarlos aufs Schwurbler-Abstellgleis stellen möchte: Dass Statistiken auch von seriösen Medien gerne mal selektiv ausgewählt werden, um den eigenen Standpunkt zu unterstreichen, ist ein reales Problem, und Misstrauen gegenüber Zahlen ist erst mal gut. Aber die Reaktion auf die Tatsache, dass Interessen aller Art die Kommunikation von Fakten flankieren und beeinflussen, kann nicht der Rückzug aufs Selbsterlebte sein. Was hieße das denn? Dass wir überhaupt keinen Zahlen mehr glauben? Dass wir zu Fragen der Klimaentwicklung nur noch Hundertjährige fragen dürfen, weil sie im zurückliegenden Jahrhundert alle Sommertage selbst mitbekommen haben? Dass keiner mehr Astronomie betreiben darf, der noch nie persönlich durch ein schwarzes Loch gesurft ist? Dass uns subatomare Partikel wurscht sein können, weil die noch keiner mit bloßem Auge gesehen hat?

Manchen Menschen scheint nicht klar zu sein, welch bedeutender zivilisatorischer Fortschritt es ist, dass wir in einer Welt leben, in der wir uns eben nicht mehr nur aufs Selbsterlebte verlassen müssen. Mit der Wissenschaft haben wir ein gut funktionierendes System der Wissenserzeugung. Wir dürfen es nur nicht mit Erwartungen überfrachten. Es ist kein Orakel, das absolute Wahrheiten ausspuckt und uns in allen Fällen sagt, was wir zu tun haben. Wenn wir also jetzt fragen, wo die Grenzen des wissenschaftlichen Denkens liegen, dann stellen wir nicht die Erkenntniskraft der Wissenschaft infrage. Es geht nicht darum, zu behaupten, das wissenschaftliche Wissen sei korrumpiert oder defizitär; sondern darum, dass derjenige, der abgesichertes Wissen zur Verfügung hat, immer noch selbst die Entscheidung treffen muss. Wissen und Handeln sind zweierlei. Auf der politischen Bühne kann man das zum Beispiel daran erkennen, dass Expertengremien wie die Ständige Impfkommission oder nationale Akademien wie die Leopoldina nur Empfehlungen aussprechen, die Gesetze aber von den demokratisch gewählten Parlamenten gemacht werden.

Und im persönlichen Bereich?

Da gilt erst einmal, was immer gilt: Zahlen müssen angemessen interpretiert werden, wenn sie zu klugen Entscheidungen führen sollen. Das kann in der Konsequenz heißen, dass es nicht nur die Fakten selbst sind, die sich mit bei der Entscheidungsfindung einmischen, sondern auch, wie wir diese empfinden.

Hier ein simples Beispiel: Die Wetter-App zeigt für den bevorstehenden Abend 40 Prozent Regenwahrscheinlichkeit an. Was macht man jetzt damit? Klar, es ist wahrscheinlicher, dass es in dieser Zeit gar nicht regnet, als dass sich irgendwann die himmlischen Schleusen öffnen – wenn auch knapp. Soll man die Polster vom Balkon holen und den Sonnenschirm einklappen?

Das kommt darauf an, was man als größeren Schaden empfindet: den Aufwand, das ganze Zeug drinnen zu verstauen oder die nassen Kissen gegebenenfalls später trocknen zu müssen. Oder aber es regnet nicht und man hat trotzdem den Wegpack-Aufwand. Das war dann die ungünstigste Variante in einer Kosten-Nutzen-Rechnung. Und spätestens hier kommt der Charakter ins Spiel: Wenn einem der Akt des Aufräumens so viel abverlangt wie Judith, dann ist man im Plus, wenn man die Sachen einfach ihrem Schicksal überlässt: Wie soll bei der ganzen Herumräumerei das bohemienhafte Chaos in der Wohnung entstehen, das es zum

Denken, Schreiben und Träumen braucht? Bei Projektmanagement-Nerd Franz sieht die Sache schon anders aus: Herrlich, ich hab die Polster verstaut, endlich wieder ein Punkt auf der To-do-Liste abgehakt!

Dazu gesellt sich die Metafrage, ob einem solche Entscheidungsprozesse an sich schon eine große kognitive Anstrengung abverlangen. Wer ständig den Himmel kontrolliert, ob es jetzt vielleicht gleich anfängt zu tröpfeln, und sich fünfmal umentscheidet, ob man nicht vielleicht doch mal klar Schiff machen sollte, müsste das ebenfalls noch in eine der beiden Waagschalen werfen: Sich mit einem Thema nicht mehr beschäftigen zu müssen kann ja auch eine Erleichterung sein und wäre damit ein zu berücksichtigender Gesichtspunkt – nicht nur für Polsterfanatiker.

Es gibt im Alltag auch Fälle, in denen die Zahlen eine eindeutige Sprache sprechen. Wer entgegen aller Evidenz glaubt, es sei eine gute Idee zu rauchen, bewegt sich auf sehr dünnem Eis. Die wenigen Aspekte, die auf der Pro-Seite stehen mögen (Entspannung, Genuss, Coolness), werden von den gewaltigen Nachteilen ganz klar ausgestochen: Rauchen erhöht die Wahrscheinlichkeit krank zu werden eindeutig, von der Herz-Kreislauf-Erkrankung über den Lungenkrebs bis zur Altersdiabetes.[46] Es ist einfach gesünder, das Teeren der Lunge zu lassen, basta. Natürlich ist das mit dem Rauchen dann immer noch eine persönliche Entscheidung. Doch nur weil Freiheitsrechte in liberalen Demokratien so konstruiert sind, dass sie auch Dummheiten ermöglichen, bedeutet das nicht, dass die Dummheiten weniger dumm werden.

Dann gibt es Fälle, die sind komplizierter. Die Frage zum Beispiel, wie viele Kinder man haben sollte. Die meisten Leute, die wir kennen – ob Eltern oder nicht –, finden, das sei keine wissenschaftliche Frage, sondern eine des Herzens. Man fühle das eben. Aber ist damit wirklich alles gesagt? Wir spielen jetzt mal des Teufels Advokaten und weisen darauf hin, dass man auch Gefühle in einen rationalen Rahmen bringen kann. Anders gesagt: Nur weil Kinder starke Gefühle auslösen (diese Kulleraugen!), heißt das nicht, dass man die Grundfrage der Existenz eines Kindes lediglich auf der Gefühlsebene abhandeln muss. Ist es nicht sogar unsere Pflicht, unseren Kopf einzuschalten, wenn es um so wichtige Themen geht?

Konkret: Angenommen, die Mutter eines Kindes ist von der Vorstellung, ein zweites Kind zu bekommen, ziemlich begeistert. Und angenommen, diese Frau liest die Ergebnisse einer einflussreichen dänischen Studie zum Thema: Die Wissenschaftler fanden heraus, dass die Lebenszufriedenheit der Eltern beim ersten Kind noch stark steigt. Das zweite Kind hingegen ist mit Blick auf die Zufriedenheit für die Väter ein Nullsummenspiel, bei den Müttern sinkt die Lebenszufriedenheit sogar.[47] Wie soll unsere Ein-Kind-Mama mit Zweitkinderwunsch damit umgehen?

Vielleicht wird sie die Statistik einfach in den Wind schlagen und sagen: »Bei mir wird das alles ganz anders laufen.« Vielleicht führt sie dafür auch nachvollziehbare Gründe an, zum Beispiel dass die Betreuungssituation vor Ort besonders gut sei und die Belastungen, die durch ein weiteres Kind entstehen, deshalb leichter abzufedern seien. Was aber, wenn es keine solchen Gründe gibt und sich diese Person eigentlich eingestehen müsste, dass die Studienlage gegen ein zweites Kind spricht – was, wenn sie sich trotzdem dafür entscheidet? Ist das dann noch verantwortungsvoll ihr selbst und ihrer Familie gegenüber?

Fest steht: Es ist nicht gerade leicht, in unklaren existenziellen Entscheidungssituationen vernünftige Entscheidungen zu treffen. Denn dafür gibt es kein einfaches Verfahren. Viele Leute glauben ja, es reichte aus, sich eine Liste mit Pros und Kontras zu basteln und dann zu schauen, welche Seite schwerer wiegt. Die Schwierigkeit: Die Pros und Kontras müssen einigermaßen adäquat die Realität abbilden. Wenn ich mich frage, ob ich anstatt einer Gemüsemahlzeit Burger mit Pommes und Mayo essen soll, dann klappt das vielleicht. Habe ich ja beides schon tausendmal gemacht, mit den gesundheitlichen Konsequenzen beider Varianten kenne ich mich aus. Aber oft ist es gar nicht möglich, eine akkurate Aufstellung mit den positiven und negativen Auswirkungen einer Entscheidung aufzuschreiben.

Nehmen wir das Kinderbeispiel von vorhin: Wir haben zwar einerseits die Statistik, die gegen ein zweites Kind spricht, aber es gibt eine große Unbekannte: Wie viel glücklicher kann ich als Mutter *tatsächlich* werden, wenn ich noch ein zweites Kind bekomme? Vielleicht ist mein Gefühl, dass ich sehr glücklich sein werde, nur ein Hirngespinst, eine verzweifelte Hoffnung, hinter der die gesellschaftliche Erwartung steht, man sei als Mutter kompletter mit zwei als mit einem Kind. Vielleicht ist das Gefühl aber auch Ausdruck einer schwer in Worte zu fassenden, aber dennoch fundierten Überzeugung, die auf meinen persönlichen Erfahrungen beruht – schließlich kennt mich ja niemand besser als ich selbst.

In einem Essay für die *New York Times* hat der Ökonom Russ Roberts dieses Ringen um die richtige Lebensentscheidung mithilfe eines historischen Beispiels beschrieben. Begeben wir uns dafür zurück ins Jahr 1838. Charles Darwin, der Vater der Evolutionstheorie, ging auf die dreißig zu und überlegte sich nun, ob er heiraten sollte. Also schrieb er eine Liste: links die Gründe fürs Heiraten, rechts die Gründe fürs Nichtheiraten. Doch während die Nichtheiratsseite sehr detailliert und emphatisch die Freiheiten des Junggesellendaseins auflistete, waren auf der Heiratsseite nur blasse Plattitüden zu finden (insbesondere gegen die letztgenannte würde Judiths Dackeldame Einspruch erheben): »Kinder (wenn Gott will)«, »Reiz von Musik und Frauen-Geplauder«, »immerhin besser als ein Hund«. Die Liste sprach zwar klar gegen das Heiraten, war aber nicht mehr als eine abstrakte Aufstellung von Pros und Kontras – sie hatte kaum etwas damit zu tun, was für Darwin und sein weiteres Leben richtig sein würde.

Er heiratete ein Jahr später seine Cousine und hatte mit ihr zehn Kinder. Die Liste hat bei alledem offensichtlich keine entscheidende Rolle gespielt, und man kann nur hoffen, dass die Angetraute sie nie zu Gesicht bekommen hat.

Solche Entscheidungssituationen nennt man *wild problems*, wilde Probleme. Wir können diese wilden Probleme Roberts zufolge nicht über ein klassisches Pro-Kontra-Verfahren lösen, sondern wir sollten überlegen, wofür wir auf lange Sicht stehen wollen:

> *Wir Menschen wollen einen Sinn. Wir wollen Bedeutung. Wir möchten Teil von etwas sein, das größer ist als wir selbst. Die Entscheidungen, die wir im Angesicht wilder Probleme treffen, führen nicht einfach nur zu guten und schlechten Tagen. Sie definieren uns. Sie bestimmen, wer wir sind, wer zu sein wir anstreben und wer wir vielleicht eines Tages werden können.*[48]

Auch Judith war mit einem wilden Problem konfrontiert: Chemotherapie ja oder nein? Eine Frage, bei der es vordergründig nur um Zahlen ging, aber letztlich um viel mehr. »Damit hätte ich nicht gerechnet« – das war die erste Reaktion von Judiths Gynäkologin, als die Biopsie-Ergebnisse den Krebsverdacht tatsächlich bestätigten. Der Satz hallte in Judiths Kopf lange nach. Sie fragte sich, ob *sie* damit hätte rechnen sollen. Aber auch nach dem dritten Mal Hin-und-her-Wälzen kam sie – obwohl sie ja sonst gerne Schuldgefühle hat – nicht zu dem Schluss, dass sie etwas falsch gemacht hätte. Dass sie sich darauf hätte einstellen müssen. Und es stimmte: Warum sollte man mit Ende dreißig, mit keinerlei relevanten Vorerkrankungen und keiner genetisch nachweisbaren Belastung, damit rechnen? Die Wahrscheinlichkeit, mit 37 Krebs zu bekommen, ist verschwindend gering. Allerdings interessieren sich Tumore nicht für Statistiken. Solange dich das Problem nicht selbst betrifft, ist eine statistische Größe nicht mehr als eine Zahl. Genau wie die Zahl der jährlichen Verkehrstoten oder der Skilangläufer in Norwegen. Wenn du selbst betroffen bist, ändert sich alles. Dann hast du nicht zu 16 oder 34 Prozent Krebs, sondern zu 100. Eins statt null, ja statt nein, alles oder nichts.

» Ich weiß noch genau, wo die Stelle im Park war, an der ich Martin in heiterem Ton erklärte, dass ich ganz sicher keine Chemo machen würde. Wir waren gerade im Krankenhaus gewesen, um die Ergebnisse der Tumor-OP zu erfahren. Martin ist nicht nur mein Lebensgefährte, sondern selbst Arzt. Das erklärt auch, warum er aus dieser Besprechung mit bleichem Gesicht herausging und ich – zum ersten Mal seit Wochen – erleichtert war.

Ich hatte nur gehört, dass keine weiteren Lymphknoten befallen waren. Das war doch super, oder? Was zu diesem Zeitpunkt hingegen nur Martin verstanden hatte, war, dass Mussolini (wie ich meinen Tumor getauft hatte) im Kern aggressiver war als zunächst gedacht. Immer noch Kategorie »heilbar«, aber auch Kategorie »hinterhältig«.

Laut irgendeiner Berechnung, die für mich so nachvollziehbar war wie die Baupläne einer Apollo-Rakete, lag die Erhöhung meiner Überlebenswahrscheinlichkeit durch eine Chemotherapie bei sieben Prozent. Sieben Prozent? Und dafür sollte ich meine Haare verlieren, mir die Eierstöcke zerschießen und mich mit Cortison vollpumpen lassen? Ganz bestimmt nicht. Was sind schon lächerliche sieben Prozent?

Gut, wer die Bürgermeisterwahl mit sieben Prozent Vorsprung gewinnt, freut sich scheckig über den klaren Sieg. Aber wer ein Produkt mit reduziertem Mehrwertsteuersatz, also sieben statt 19 Prozent, kauft, gibt zwar weniger aus – aber so richtig ins Gewicht fällt das bei einem Bund Tulpen für 3,99 auch wieder nicht.

Ich werde Martins Blick nie vergessen: Sorge, Angst und Fassungslosigkeit – alles notdürftig unterdrückt.

Später hat er mir erzählt, dass er mich bei dieser schwierigen, lebensverändernden Entscheidung nicht beeinflussen wollte – auch wenn er sich aus medizinischer Sicht sicher war, dass an einer Chemo kein vernünftiger Weg vorbeiführte. Aber schließlich ging es um *meinen* Körper, *meine* Gesundheit – *ich* war es ja, die die Schmerzen und Nebenwirkungen dann auch würde aushalten müssen.

Meine Diagnose war bei unserem Parkspaziergang schon fast zwei Monate her, aber ich glaube, es war das erste Mal, dass ich Martin in dieser ganzen Zeit weinen gesehen habe. «

Und so starrte Judith lange auf die Sieben. Und war unschlüssig. Sollte sie auf ihr Bauchgefühl hören? Und was sagte das eigentlich genau in all dem Chaos? Das Bauchgefühl hat ja eher die Angewohnheit zu flüstern, was aber gerade im kakofonen Blechbläsergedröhn einer Krebsdiagnose schwer zu hören ist.

Glaubt man dem Psychologen und Risikoforscher Gerd Gigerenzer, dann lohnt es sich aber dennoch, genau hin- beziehungsweise in sich hineinzuhören. Und das gilt nicht nur für lebensbedrohliche Situationen, sondern auch für viele weniger gravierende Entscheidungen, wie zum Beispiel die Wahl eines neuen Jobs oder anderen Wohnorts. Auch hier ist die Faktenlage undurchsichtig, und die Folgen sind dementsprechend schwer absehbar. Dazu muss man wissen, dass für Gigerenzer die Intuition eine Form von unbewusster Intelligenz ist. Die informierte Abwägung, die es für eine gute Entscheidung braucht, passiert bei einer Bauchentscheidung durchaus – nur bekommen wir davon nichts mit. Sie ist kein bewusster Akt, wie das beim Erstellen einer Pro-Kontra-Liste der Fall ist.

Gerade in Zusammenhängen, die komplex und mit großer Unsicherheit behaftet sind, zahlen sich Bauchentscheidungen aus, glaubt Gigerenzer: »Sie können Regeln machen in Situationen, in denen alles vorhersehbar ist und nichts Neues passiert. Aber wenn Sie in einer sich wandelnden Welt starre Regeln festlegen, fallen Sie damit auf die Nase. Daher ist eine gewisse Flexibilität wichtig.«[49] Zum Beispiel am Aktienmarkt. Bei einem Börsenspiel des Wirtschaftsmagazins *Capital* Anfang der Nullerjahre ließ Gigerenzer ein Wertpapierportfolio antreten, das ausschließlich darauf beruhte, jene Aktien aufzunehmen, die von hundert Passanten in Berlin am häufigsten genannt wurden. Dieses Portfolio erzielte höhere Gewinne als 88 Prozent aller eingereichten Aktienpakete.[50]

Das heißt nun aber nicht, dass Wissen überhaupt nicht zu besseren Entscheidungen führen würde; das Passantenportfolio etwa basierte ja durchaus auf gewissen Informationen, nämlich solchen zur Beliebtheit und dem Bekanntheitsgrad von Unternehmen. Der Punkt ist vielmehr, dass die Entscheidungsqualität durch ein Mehr an Informationen nicht beliebig stark verbessert werden kann. Und so kommt es, dass hochgradig detailliertes Expertenwissen in manchen Situationen einer auf solidem Halbwissen beruhenden Bauchentscheidung unterlegen sein kann.

Dennoch hat das Bauchgefühl keinen guten Ruf. Eine von Gigerenzers Studien ergab, dass zwar die Hälfte seiner Probanden – allesamt Führungskräfte in Unternehmen – Entscheidungen aus dem Bauch heraus trafen. Öffentlich zugeben wollte das aber keiner der Befragten so wirklich. Bauchentscheidungen haftet schließlich der Ruch des Willkürlichen an. Dennoch können sie in manchen Fällen den Weg zur vernünftigsten Entscheidung weisen.

Das macht die Sache so verzwickt: Wer sein Leben auf Basis differenzierter, nüchterner Urteile führen möchte, kann nicht auf ein Patentrezept zurückgreifen. Er braucht eine Mischung aus Herz und Hirn, aus persönlichem Erfahrungswissen und wissenschaftlicher Evidenz. Und vor allem die Bereitschaft, es sich nicht allzu leicht zu machen. Das ist der einzige Weg raus aus der toxischen Positivität. Und trotzdem ist es keine universelle Erfolgsgarantie.

Dementsprechend wirkte der Rat »Hör auf dein Bauchgefühl!« für Judith bei der Entscheidung, ob sie eine Chemotherapie machen sollte, zunächst nicht besonders hilfreich. Stattdessen nahm sie sich erst mal die Zeit, die sie brauchte, und löcherte ihre Ärztinnen und Ärzte mit Fragen. Dabei fand sie heraus, dass die erwähnten sieben Prozent Risikominderung in dem medizinischen Kontext, um den es hier ging, tatsächlich keine Lappalie, sondern eine ganze Menge waren.

Den letzten Ruck gab ihr schließlich ein weiterer Gedanke: »Wenn ich die Chemo nicht mache und der Krebs deswegen wiederkommt, dann könnte ich mir das nicht verzeihen.« Und so fiel eine Entscheidung, von der, Stand heute, niemand sagen kann, ob es die richtige war. Mit der Fülle an Nebenwirkungen hätte Judith bei all ihrem Pessimismus nämlich nicht gerechnet. Und doch scheint es, als habe sie ein wildes Problem gezähmt.

VIER

Tschüss, ihr nicht gelebten Leben

Der Jahrmarkt der Ängstlichkeiten hat immer geöffnet

Hast du schon mal in einem Club einen Cocktail neben einem Typen geschlürft, der eine Pferdekopfmaske und nichts als eine Pferdekopfmaske trug? Wir schon (also, eine oder einer von uns). Und auch das haben wir gemacht: mit einem toten Dachs im Kofferraum stundenlang vergeblich nach einer Kühlmöglichkeit gesucht; mit einem Säugling eine schwankende Fährenüberfahrt zu einer Hochseeinsel überstanden; bei einem Filmdreh eine recht unerquickliche Zeit neben einem Fischverkaufsstand in der Hitze von Mumbai verbracht.

Die meisten Menschen haben ihre eigene kleine Sammlung der skurrilsten Begebenheiten, in die sie zwischendurch mal reingestolpert sind. Sie sind allein schon deshalb glücksstiftend, weil sie gute Geschichten ergeben. Die Krux ist nur, dass man diese Geschichten nicht erzwingen kann. Ja klar, man kann äußere Erlebnisse im Katalog buchen, vom Nachttauchen in Ägypten übers Bungee-Jumping im Harz bis zum Survivaltraining im Aargau.

Nicht buchen kann man hingegen das warme Gefühl, das sich einstellt, wenn der Erfahrungsschatz um einen wirklich besonderen Moment reicher geworden ist. Und doch hat die Vorstellung Hochkonjunktur, man könne Erlebnisse mit der Mentalität eines Supermarktbesuchs einfach so wegkonsumieren und werde dadurch ein vollständigerer Mensch. Dieser Erlebnishunger ist Ausdruck einer Gesellschaft, die Angst davor hat, dass einfach mal nichts passiert – die verlernt hat innezuhalten. Denn schließlich könnte man so das nächste große Ding verpassen.

Wir sind als Dorfkinder mit dem Gefühl aufgewachsen, ständig zu kurz zu kommen: Das wahre Leben, dachten wir, spielt sich in den großen Städten ab. Später sind wir dann in Metropolen gezogen, und da war's tatsächlich lebendiger. Aber der Erlebnishunger hörte trotzdem nicht auf, er wurde durch die vielen Möglichkeiten eher noch weiter angestachelt. Vielleicht kennst du das ja auch: diese Vorstellung, die nächste geile Party, der nächste Traumjob, das nächste heiße Date warte gleich da drüben, hinter dem Regenbogen. Und so jagen wir von Möglichkeit zu Möglichkeit, sagen ja zu allem, immer auf der Suche nach dem nächsten Kick. Nur: Wenn wir uns von dieser Erwartungshaltung treiben lassen, ist für uns irgendwann nur noch das Beste gut genug. Aber weil niemand immer das Beste erreichen kann, klafft da plötzlich eine Lücke zwischen Anspruch und Realität. Um unser Gesicht zu wahren, errichten wir am Ende vielleicht sogar eine Fassade des scheinbar perfekten Lebens um uns herum – und werden toxisch positiv.

Der zugrunde liegende Mechanismus ist weit verbreitet und hat sogar einen hashtag-tauglichen Namen: #FOMO – die Abkürzung für *fear of missing out*. Das Konzept, das dahintersteckt, ist indes älter als Instagram, Twitter und TikTok. Es stammt aus dem Jahr 2004 und wurde von einem gewissen Patrick James McGinnis erfunden. Der damalige Student der Harvard Business School verwendete den Begriff in einem Artikel seiner Studierendenzeitung, in dem er vom »Erlebnisdruck« auf Menschen seiner Generation spricht. Dabei ist es kein Zufall, dass McGinnis seine These Anfang der Nullerjahre entwickelt hat. Es war eine Phase vorausgegangen, in der nach dem Zusammenbruch des Ostblocks der westliche Lebensstil auf ganzer Linie zu triumphieren schien: Wirtschaftsliberalismus, Demokratie, Wachstumsversprechen. Die kapitalistische Wettbewerbslogik dominierte – höher, schneller, weiter. In dieser Zeit schaltete auch die Eventgesellschaft in den nächsthöheren Gang. Es galt immer mehr: Ich bin, was ich erlebe. Dynamische Selbstverwirklichung statt träge Besitzstandswahrung: Das war zunächst ein erfrischender Gedanke. Doch Kapitalismus sei Dank wurde aus dem »So will ich sein« recht schnell ein »Um so zu sein, muss ich xy haben«. Und die Konsumspirale drehte sich dann doch fröhlich weiter.

Zwar ist das Knallen der Champagnerkorken beim Telekom-Börsengang längst verhallt, und auf die einst beschworenen paradiesischen Zustände einer privatisierten Bahn-AG spricht man heute im wegen völlig unerwarteten Herbstlaubs auf den Schienen 75 Minuten verspäteten ICE auch besser niemanden an. Trotzdem hat sich die Vorstellung gehalten, dass man auf den Selbstinszenierungs-Express halt doch besser aufspringen sollte – nicht dass man abgehängt wird. Ich bin, was ich erlebe: Das gilt auch heute noch. Nur dass der Erlebnisdruck durch die globale Vergleichbarkeit, die Erlebnisschaufenster wie Instagram herbeiführen, noch einmal potenziert wird.

»Ja Herrschaftszeiten, dann leg halt mal dein Handy weg«, möchte da der Durchschnittsboomer vielleicht rufen und hat damit auch nicht gänzlich unrecht. Doch so einfach ist es nicht. Mitunter mündet der Erlebnisdruck in handfesten psychischen Störungen. Die AOK warnt genau davor. Tut sie wirklich, im Internet.[51]

Doch selbst wenn es nicht in solche Extreme abgleitet: Wir leben in einer Zeit, in der FOMO unseren Alltag durchdrungen hat. Da überrascht es nicht, dass McGinnis auf dem Rücken seiner Catchphrase mittlerweile eine veritable Karriere aufgebaut hat. Er bezeichnet sich heute selbst als »Original Fomo Sapiens«, ist als Speaker, Podcaster und Risikokapitalgeber unterwegs. Er vertreibt sogar FOMO-Merchandise und hat eine Basecap für all jene im Angebot, die ihre Befindlichkeit gerne in serifenlosen Großbuchstaben auf der Stirn tragen. McGinnis scheint zu ahnen, dass ihm damals mit seinem Artikel eine ziemlich fundamentale Prognose für das 21. Jahrhundert gelungen ist.

Dabei befällt die *fear of missing out* vor allem die Jungen, die eigentlich noch jede Menge Zeit hätten. Und sie löst Verlustängste aus. Die haben paradoxerweise nichts mit Mangel zu tun, sondern beruhen ganz im Gegenteil auf Vielfalt und Überfluss: Wir haben heute unzählige Möglichkeiten der Lebensgestaltung – wir können uns zu jedem Zeitpunkt glitzernde Erlebnissternchen vom Himmel pflücken. Aber aus dem Können wird leicht ein Sollen. Wenn wir uns dazu entscheiden, heute mal auf das tägliche Sternchen zu verzichten, fühlt sich das gleich nach einer Verschwendung von Lebenszeit an. Und so hetzen wir rastlos durch die Welt – und das, obwohl uns doch jede Schlafforscherin bestätigt: Nichts steigert so sehr die Lebensqualität und Leistungskraft wie die Fähigkeit, rechtzeitig und regelmäßig runterzufahren.

Auf die Spitze getrieben wird das FOMO-Paradox des Mangels durch Überfluss, wenn FOMOs Schwester namens »FOBO« die Bühne betritt: die *fear of a better option*. Man beginnt sich vor der Unzahl der Möglichkeiten selbst zu fürchten. In der FOBO-Logik fühlt sich jedes »Ja« wie eine Niederlage an, weil man ahnt, dass einem früher oder später eine Option begegnen wird, die noch ein bisschen besser wäre und zu der man dann »Nein« sagen muss.

Dating ist das beste Beispiel. Der Autor Sven Hillenkamp hat das schon im Jahr 2011, als das Dating per App erst Fahrt aufnahm, in *Das Ende der Liebe* auf den Punkt gebracht: Er beschreibt das digitale Zeitalter als eine Art Eldorado der Romantik. Denn während früher die Ehe in der Regel eine Folge ökonomischer Notwendigkeiten, sozialer Zwänge und des Partnerpools war, der in der Reichweite des Traktors oder Fahrrads lag, wollen sich heute viele Menschen nicht zufriedengeben mit dem, was das eigene Dorf anbietet – denn die Umkreissuche ist schließlich nach Belieben erweiterbar. Sie hören nicht auf, nach der großen Liebe zu suchen – auch dann nicht, wenn sie schon einmal verpartnert oder verheiratet sind. Es geht einfach immer weiter, denn die Möglichkeiten dazu sind ja vorhanden. App runterladen, anmelden, los geht's.

Das ist eine gute Nachricht. Denn in Zeiten, in denen der Nächstbeste geheiratet wurde, gab es mutmaßlich unendlich viele unglückliche Ehen. Und es ist eine schlechte Nachricht. Denn wie soll man zum aktuellen Partner ein Gefühl der besonderen Bindung aufbauen, wenn der nächste potenzielle Partner, der vielleicht noch einen Tick besser passt, nur einen Swipe entfernt ist? Wer dauernd von der Angst geplagt wird, die eigenen Entscheidungen könnten unzulänglich sein, weil es eine noch bessere Option geben könnte, der fragt sich, ob Handeln an sich nicht vielleicht gefährlich ist. Er landet bei »FODA«, der *fear of doing anything*.

FOMO, FOBO und FODA hängen zusammen, sie sind Ausdruck ein und desselben Grundproblems: Wir nehmen uns alle ein bisschen zu wichtig. Und verhalten uns wie Menschen, die sich vor dem Flügelschlag eines Schmetterlings fürchten. Vorm Schmetterlingseffekt, genau genommen. Der Begriff stammt von dem Meteorologen Edward N. Lorenz, der 1972 auf einer wissenschaftlichen Konferenz die Frage stellte: »Kann der Schlag eines Schmetterlingsflügels in Brasilien einen Tornado in Texas auslösen?« Die heute gängige Antwort lautet Ja – zumindest, wenn es um dynamische Systeme geht, die mit jenen des Wetters vergleichbar sind. Dort können winzige Unterschiede in den Anfangsbedingungen tatsächlich zu großen Unterschieden im Endzustand führen. Ob das für die Geschicke eines Durchschnittsmenschen in gleicher Weise gilt, steht auf einem anderen Blatt. Aber für jemanden, der sich und sein Handeln auf die Goldwaage legt, kann sich die Frage, ob das belegte Brötchen mit oder ohne Gurke zu erwerben sei, schnell mal als Schicksalsentscheidung anfühlen.

Und so feiern FOMO, FOBO und FODA eine immerwährende Party. Wo? Auf dem Jahrmarkt der Ängstlichkeiten! Denn dort gibt es so viel zu entscheiden, dass es einem ganz schwindlig wird.

Gleich am Eingang dieses Jahrmarkts tönt es aus den Lautsprechern: »Kommen Sie näher, kommen Sie ran! Es gibt hier so viel zu sehen, das dürfen Sie sich nicht entgehen lassen.« Die FOMO saugt dich hinein. Überall wilde Fahrgeschäfte. Ein rasantes Karussell, nichts wie hin! Aber da hinten rasen die Autoscooter verheißungsvoll um die Wette. Oder vielleicht doch erst in die Geisterbahn zum wohligen Grusel? Die FOBO lässt dich Runde um Runde über den Markt drehen, überall raunt es aus dem Lautsprecher: »Jetzt geht's wieder looos! Seien Sie dabei!« Doch du steigst nicht ein. Noch nicht, oder doch? Irgendwann kannst du nicht mehr. Du bist erschöpft vom Staunen und Laufen und lässt dich schwindelig zu Boden fallen. Zwischen Zuckerwattestand und Pommesbude geht auf einmal nichts mehr. Die FODA hat zugeschlagen, du erstarrst. Doch sobald du etwas Kraft getankt hast, hörst du wieder die verführerische Stimme aus den Boxen säuseln: »Es gibt hier so viel zu sehen.« Da ist sie wieder, die FOMO. Also ab zur nächsten Attraktion – und wenn du nicht gestorben bist, ziehst du noch heute deine Kreise.

Wo ist der Ausgang aus diesem psychedelischen Horror-Jahrmarkt? Egal! Die Frage wird nämlich obsolet, sobald wir akzeptieren, dass das mit den unzähligen Optionen nicht mehr als ein Hirngespinst ist. In der Praxis ist nämlich sowieso nur ein Bruchteil dessen machbar, was theoretisch als möglich erscheint.

Wir alle werden limitiert: durch unsere Herkunft, durch unsere Körper, durch unsere finanziellen Möglichkeiten, durch die Gesetze der Physik, durch die Dämonen, die wir alle mit uns herumtragen, und durch tausend weitere Faktoren. Diese Einsicht tut weh. Zu schön ist die Vorstellung, wir könnten Beliebiges werden, Beliebiges erreichen, mit Beliebigem klarkommen, wenn, ja wenn wir nur wollten. Schön, aber eben auch kindlich.

Werden Kinder nach ihren Berufswünschen gefragt, hört man die atemberaubendsten Antworten. Judith wollte Indianer[52] werden und war sehr enttäuscht, als sie irgendwann feststellen musste, dass das überhaupt kein Beruf ist – abgesehen davon, dass man die indigene Bevölkerung Amerikas heute aus guten Gründen nicht mehr so bezeichnet. Der siebenjährige Franz war mit seinem Ziel, für die ARD-Bundesligakonferenz Fußballspiele live aus dem Stadion zu kommentieren, zwar etwas realistischer, aber trotzdem noch mit einer ordentlichen Prise Größenwahn unterwegs. Kinder wissen nicht, was nötig ist, um ein bestimmtes Ziel zu erreichen. Im Übrigen kennen sie auch die Vor- und Nachteile noch nicht, die eine bestimmte Berufswahl in Sachen Einkommen, sozialer Status und körperlicher Beanspruchung mit sich bringt. Im Beliebtheitswettbewerb steht da die Baggerfahrerin über der Verfassungsrichterin, schließlich hat die eine schweres Gerät und die andere nur einen seltsamen roten Umhang und kann wahrscheinlich nicht mal zaubern.

Das ist vielleicht süß, aber im Erwachsenenalter nicht mehr so ganz brauchbar. Denn als Erwachsene kommen wir um die harten Tatsachen nicht herum. Zum Beispiel um die Erkenntnis, dass manche Menschen von Anfang an mehr Möglichkeiten haben als andere. Und damit ist nicht nur der finanzielle Hintergrund gemeint: Der Sozialphilosoph Pierre Bourdieu hat gezeigt, dass gerade das kulturelle und soziale Kapital eines Menschen entscheidend dazu beiträgt, die Lebensweichen zu stellen. Wer mit der Muttermilch aufsaugt, dass Bildung wichtig ist, hat bessere Chancen, einen höheren Abschluss zu erlangen, als jemand, der sich das erst mühsam selbst beibringen muss. Wer ein Netzwerk aus Kontakten mehr oder weniger vererbt bekommt, startet ganz anders ins Berufsleben. Nachhilfe beim Latinum nötig? Da springt Tante Hella gern ein, die ist ja Professorin für Altphilologie. Praktikum bei einer angesehenen Kanzlei? Ach, kein Problem, da rufen wir einfach Onkel Wolfgang an.

Du kannst nichts für die Familie, in der du aufwächst; aber dennoch wird die Ausgangssituation, in die du hineingeboren wirst, dein weiteres Leben entscheidend bestimmen. Klar, du kannst dich auch aus einfachen Verhältnissen hocharbeiten, aber es ist eben deutlich schwerer und wird mit zunehmender sozialer Undurchlässigkeit unwahrscheinlicher. Das gilt ganz besonders für das deutsche Bildungssystem. Zur Jahrtausendwende förderte die PISA-Studie zutage, dass Deutschland unter allen untersuchten 31 Staaten das mit der höchsten Bildungsungerechtigkeit war. Bei einer erneuten Studie 2018 sah es nicht viel besser aus: Deutschland landete auf dem 33. Platz von 36.[53] Das als Erfolg zu verkaufen, dürfte selbst die beste PR-Agentur nicht hinbekommen.

Nach mehr zu streben – mehr Bildung, mehr Wohlstand – ist per se keine schlechte Sache. Doch wer glaubt, man müsse sich nur genug anstrengen, ignoriert, dass das Land der Möglichkeiten für manche Menschen von vornherein deutlich kleiner ist als für andere. Harte Arbeit kann zum Aufstieg führen, sie muss es aber nicht. Wer das Gegenteil behauptet, wirkt vielleicht auf den ersten Blick konstruktiv und ermutigend. Für diejenigen aber, die sich im System abstrampeln und keinen Meter vorwärtskommen, ist das nichts als blanker Hohn.

Die goldene Mittelmäßigkeit

Eine Kaustange ist gut. Zwei Kaustangen sind besser. Und alle Kaustangen wären am besten. Davon bekommt man Bauchschmerzen, und der Hundedurchfall ist vorprogrammiert. Aber das übersteigt die Reflexionsfähigkeit von Judiths Dackel Frida. Zum Glück sind wir Menschen vernunftbegabte Zweibeiner, und uns sollte im Gegensatz zu Dackeln eigentlich klar sein: Wir können nicht alles schaffen, nicht alles erleben, nicht alles werden. Doch was ist die Konsequenz daraus: Sollen wir uns einfach mit der eigenen Begrenztheit abfinden? Viele glauben, dass das eine Haltung für Schwächlinge ist, für Menschen, die vor dornigen Chancen kapitulieren.

Deshalb boomt das Thema Selbstoptimierung. Sie ist zu einem regelrechten Industriezweig avanciert, der mit der Versprechung wuchert, man könne Grenzen beliebig verschieben: Alles nur eine Frage des Mindsets. In den USA verdienen Motivationstrainer wie Tony Robbins oder David Ramsey Millionen damit, Menschen bei quasireligiösen Großveranstaltungen so lange zu bequatschen, bis sie genau das glauben. Robbins und viele seiner Coaching-Kollegen berufen sich dabei auf die Lehren des sogenannten Neurolinguistischen Programmierens, kurz NLP. Erfunden wurde die Technik in den 1970er-Jahren von Richard Bandler und John Grinder. Wobei »erfunden« ein großes Wort ist, handelt es sich bei NLP doch eher um einen wilden Mix aus Ansätzen von der Gestalttherapie bis zu den Kognitionswissenschaften. Der Name legt eine Verbindung zur Neurolinguistik nahe und erweckt so den Eindruck, es handle sich um ein wissenschaftliches Verfahren. Allerdings hat NLP, wie es der Wirtschaftspsychologe Uwe Kanning einmal formuliert hat, mit Wissenschaft so viel zu tun wie Captain Kirk mit Isaac Newton.

Mithilfe eines NLP-Coachings sollen die Mentees selbstbewusster und erfolgreicher kommunizieren lernen. Die zentrale Botschaft: Mach dir das Leben leicht! Und das klappt am besten, wenn du dich und deine Bedürfnisse in den Mittelpunkt rückst. Erfahrungsberichte und Studien belegen allerdings, worum es eigentlich geht, nämlich darum, das Gegenüber kaltblütig zu durchschauen und bestmöglich zu manipulieren. Wenn du dich dadurch von deinem Mitmenschen entfremdest oder ihn verletzt, ist das eben ein menschlicher Kollateralschaden, der dich nicht weiter beunruhigen sollte. In diesem System wird das Gegenüber schnell mal zur Schachfigur, deren Position es zu analysieren gilt, um dann selbst den vorteilhaftesten Zug zu machen.

Und natürlich hat das NLP-Programm eine ganze Reihe von Empfehlungen für den nächsten Zug parat. Du willst wissen, ob der Bewerber bei seinem Lebenslauf schwindelt oder nicht? Dann beobachte seine Augenstellung während des Gesprächs, das wird ihn entlarven. Ob die neue Nachbarin eine zuverlässige Geheimnisbewahrerin ist oder die Tratschtante vom Dienst? Ein genauer Blick auf die Gesichtsform könnte helfen. Denn an der sogenannten »Psycho-Physiognomie« lässt sich der Charakter eines Menschen ablesen. Dass man damit auf der gleichen Schiene fährt wie die nationalsozialistische Rassenideologie, scheint die NLP-Trainer nicht zu beunruhigen. Das Neurolinguistische Programmieren ist ein wildes Potpourri aus den unterschiedlichsten Techniken, von der Power-Pose (Hände in die Hüften!) über Meditation bis zum Tanzen ums Feuer. Allen diesen Techniken ist die Überzeugung gemein, dass sich das Leben dem eigenen Willen fügen wird, wenn der Wille nur stark genug und die aufgewandten Mittel nur effektiv genug sind. Ich mach mir die Welt, wie sie mir gefällt.

Bei manchen Menschen ist die Sehnsucht nach dem perfekten Leben so groß, dass sie sogar noch einen Schritt weitergehen und Pillen schlucken, um über sich hinauszuwachsen. Sie besorgen sich unter der Hand verschreibungspflichtige Medikamente wie Ritalin oder Modafinil, um länger wach zu bleiben, oder sie nehmen ohne ärztliche Rücksprache Antidepressiva, um die Traurigkeit aus dem Leben zu vertreiben. »Pharmakologisches Neuroenhancement« lautet der etwas sperrige Fachbegriff für die Effizienzsteigerung aus der Apotheke. Doch Neuroenhancer wirken bestenfalls oberflächlich, von den unerwünschten Nebenwirkungen wie psychischen Störungen und Abhängigkeitserkrankungen ganz zu schweigen.[54] Auch wenn vielleicht kurzfristig die Aufmerksamkeit wächst – als Mensch wächst man an solchen Substanzen bestimmt nicht.

Es hilft nichts: Man muss einfach akzeptieren, dass man nicht bei jeder Etappe des Höher-schneller-weiter-Rennens in der Spitzengruppe sein kann. Erfolg, Liebe, Geld, Anerkennung, Spaß: Es gibt diesen Menschen nicht, bei dem alles, aber auch wirklich alles gut ist. Der keine existenziellen Brüche und Spannungen auszuhalten hat. Der nicht im Laufe des Lebens Federn gelassen hat. Der nicht zu der Erkenntnis kommt, dass er in irgendeiner Form hinter dem zurückbleiben muss, was er erstrebenswert fände – auch wenn wir uns gegenseitig häufig das genaue Gegenteil davon suggerieren.

Paul Simon hat das in seinem Song *American Tune* auf die Aussage kondensiert: »Ich kenne keinen Traum, der nicht erschüttert oder auf die Knie gezwungen wurde«. Simon erzählt von der chronischen Erschöpfung einer ruhelosen US-Gesellschaft, die das lyrische Ich und alle seine Freunde vereint. Dieses Gefühl, dass man nie so richtig sicher und angekommen ist im Leben und dass die Lebensreise für niemanden wirklich komfortabel ist. Das ist traurig, aber leider eben auch wahr, und das auch außerhalb der Vereinigten Staaten. Zu eindrücklich haben wir all die Geschichten von Menschen vor Augen, die materiell abgesichert, aber innerlich leer sind. Von stolzen Eltern, die für ihr Familienglück so manchen Traum aufgegeben haben. Von Studierenden, die mit zwanzig die Coolsten waren – und die mit dreißig merkten, dass diese Attitüde allein einen halt auch nicht durchs Leben trägt. Je mehr Geburtstagskerzen auf der Torte brennen, desto weniger werden die Abzweigungen, die man nehmen kann. Das Leben ist das Resultat eines Ausschlussprozesses. Das, was am Ende bleibt, nachdem klar geworden ist, was alles eben *nicht* aus diesem Leben geworden ist. Das Endergebnis ist dünn und zerbrechlich, daneben liegt ein großer Haufen Ausschuss. Es gibt Leute, die arrangieren sich; andere, die verbittern; wieder andere, die hilflos rebellieren; und schließlich auch solche, die lernen, das alles mit Würde und Humor zu nehmen.

Dabei gibt es aber, wie bei den meisten Songs von Paul Simon, tröstliches Dur zwischen all dem melancholischen Moll. Wenn man sich nämlich bewusst gemacht hat, dass es uns allen so geht, wird es plötzlich leichter, damit klarzukommen. Und neue Hoffnung zu schöpfen – oder wie Charles Dickens in seinem Jahrhundertroman *Great Expectations* die geläuterte Protagonistin Estella sagen lässt: »I have been bent and broken, but – I hope – into a better shape.«[55]

Auf Widerstände zu stoßen ist etwas anderes, als am Ende zu sein. Und manchmal können Begrenzungen sogar beflügeln.

Im Januar 1975 sollte der amerikanische Jazzmusiker Keith Jarrett in der Kölner Oper auftreten. Doch als dieser das Klavier, das für den Abend bereitgestellt worden war, in Augenschein nahm, war er entsetzt: Offenbar war ein falsches Instrument geliefert worden. Nicht nur war das Klavier viel zu klein und zu leise, um den großen Konzertsaal zu beschallen; die weißen Tasten waren zudem verstimmt, die schwarzen verklebt, und das obere Register klang unnatürlich hart, weil sich dort der Filz abgelöst hatte. Kein Wunder, dass sich Jarrett erst mal weigerte aufzutreten. In letzter Sekunde ließ er sich dann doch von der erst 17-jährigen

Konzertveranstalterin erweichen. Sie hatte Jarrett angefleht, den Auftritt bitte nicht abzusagen. Na gut. Der Tonkünstler improvisierte. Er vermied die oberen Register und intonierte seine Melodien ausschließlich in der Mitte. Um gehört zu werden, baute er laute Bassriffs ein, die er aufrecht stehend in die Tasten hämmerte. Das Ergebnis war einzigartig: friedlich und energetisch zugleich. So etwas hatte man noch nicht gehört. Später wurde die Konzertaufnahme zum meistverkauften Klavieralbum aller Zeiten. Große Kunst – aus der Not geboren.[56]

War Jarrett glücklich über die Grenzen, mit denen er zu kämpfen hatte? Sicher nicht. Jedenfalls nicht im Moment. Sein Jahrhundertauftritt zeigt aber, dass auch und gerade auf einer kleinen Möglichkeitsklaviatur etwas Besonderes entstehen kann.

Denn auch in der Begrenztheit liegt eine Freiheit. Das ist freilich eine ziemlich erwachsene Freiheit, keine Ich-bin-zwanzig-und-ziehe-nach-Berlin-und-dröhne-mich-im-Berghain-zu-und-lasse-mir-das-Gesicht-tätowieren-aber-vielleicht-geh-ich-auch-ein-halbes-Jahr-auf-den-Äußeren-Hebriden-wandern-Freiheit. Daran angelehnt lässt sich die englische Devise der Postmoderne in eine nüchternere Formel umschreiben: nicht »anything goes«, aber immerhin »something goes«.

Man könnte diese Haltung als »existenziellen Pragmatismus« bezeichnen. »Existenziell«, weil es um die wesentlichen Lebensfragen geht – um das, was wichtig ist, wenn der Nebel der Alltagsbanalitäten sich verzogen hat. Und »Pragmatismus«, weil im Zentrum das steht, was uns hilft, im Leben zurechtzukommen – nicht abstrakte Theorie. Existenzieller Pragmatismus heißt: Ich versuche zu verstehen, woran ich bei mir selbst bin, und gehe dann einen Schritt nach dem nächsten.

Eine Pragmatikerin zeichnet sich dadurch aus, dass sie sich auf manche Fragen gar nicht einlässt. Denn wer sagt, dass jede Frage, nur weil sie tief und klug klingt, auch wert ist, dass man sich an ihr festbeißt? Zum Beispiel: Muss ich wirklich wissen, was, so ganz abstrakt gesprochen, der Sinn des Lebens ist? Oder was theoretisch die ideale Beziehungsform ist? Wäre es nicht gesünder, mir etwas vorzunehmen, das ich schon heute Vormittag tun kann, damit ich heute Abend, wenn ich die Nachttischlampe ausmache, das Gefühl habe, zumindest ein wenig vorwärtsgekommen zu sein? Wäre es nicht besser zu überlegen, wie ich ganz konkret und niederschwellig meine Beziehung so gestalten kann, dass sie sich wie ein emotionales Zuhause anfühlt, anstatt eine Theorie von Beziehungen im Allgemeinen aufzustellen?

Im alltäglichen Leben bedeutet Pragmatismus deshalb auch, Grübeleien und allzu abstraktes Denken zu vermeiden. Das nämlich kann in die Depression führen und löst keine Probleme. »Rumination« nennen das die Psychologinnen, und das ist nicht zufällig dasselbe Wort, das in der Zoologie dafür verwendet wird, das Hinabwürgen und Wiederhochschleudern von Nahrung zu bezeichnen, das wir bei Wiederkäuern wie Schafen und Kühen finden: Grübeln heißt, dass im Kopf eine Platte in Endlosschleife läuft – und das ist alles andere als konstruktiv.[57]

Dies ist übrigens auch der zentrale Inhalt der philosophischen Strömung zu Beginn des 20. Jahrhunderts, die, vertreten von Denkern wie Charles Sanders Peirce und William James, unter dem Namen »Pragmatismus« firmierte: dass sich die Bedeutung eines Gedankens an dessen praktischer Wirkung bemisst. Ursprünglich war der Pragmatismus mal eine erkenntnistheoretische Lehre, die sich mit der Frage beschäftigte, wie wir zur Wahrheit gelangen – nämlich dadurch, dass wir Hypothesen auf ihre tatsächlichen Wirkungen hin überprüfen und uns gemeinsam auf eine Deutung einigen, die uns allen nachvollziehbar erscheint. Im Laufe der ersten Hälfte des 20. Jahrhunderts bekam der Pragmatismus einen neuen Dreh:

Erkenntnisse sind dieser neuen Lesart zufolge schön und gut, aber sie sind kein Selbstzweck, sondern sie dienen dazu, praktische Bedürfnisse zu befriedigen. Die abstrakte Frage nach der Wahrheit tritt in den Hintergrund, das konkrete Handeln steht im Vordergrund.

Wieder aufgegriffen hat diese Idee der Philosoph und ehemalige Kulturstaatsminister Julian Nida-Rümelin. Er plädiert für einen humanistischen Pragmatismus, der sich nicht zuletzt auch in unserer politischen Haltung niederschlagen sollte: Anstatt all unsere Hoffnungen auf die eine große Utopie zu setzen, die uns das Paradies auf Erden verspricht, sollten wir uns langsam und mit der nötigen Prise Realismus in Richtung einer besseren Gesellschaft vortasten. Das Problem bei solchen großen utopischen Würfen ist nämlich, dass sie radikale Schritte erfordern – mit ungewissem Ausgang. Die Gruppe, die eine solche utopische Revolution gegen alle Widerstände durchboxt, müsste in einem hohen Maße umsichtig und weise sein, damit die Gesellschaft, die am Ende dabei herauskommt, lebenswert für alle ist. Es ist unwahrscheinlich, dass das gut geht.[58]

Wenn wir eine bessere Gesellschaft wollen, geht das eben am besten, wenn wir darauf schauen, was konkrete Menschen im Hier und Jetzt beizutragen haben. Nüchtern bleiben. Pragmatisch bleiben. Das ist ein Gedanke, der auch jenseits des Politischen im engeren Sinne bedeutsam ist. Denn nicht nur Aktivisten oder Parteien an den Rändern des politischen Spektrums folgen gefährlichen Heilserzählungen. Es gibt sie auch im Alltäglichen. Im ersten Teil des Buches haben wir zwei von ihnen unter die Lupe genommen: *Alles wird gut, wenn du nur dran glaubst* und *Nur Pessimisten sind schlau.* Und an der Stelle kommt der existenzielle Pragmatismus ins Spiel. Er kann helfen, im Alltag den gesunden Mittelweg zu finden. Dazu zählt auch, sich von Illusionen zu verabschieden.

Illusionen beerdigen

In der ZDF-Miniserie *Fett und Fett* gibt es eine Szene, die zwei Anfangdreißiger beim verspäteten Erwachsenwerden begleitet: Svenia versucht gerade, mit ihrem Jugendfreund Jaksch die Tatsache zu verarbeiten, dass sie bald heiraten wird. Sie ist wild entschlossen, jetzt noch mal was total Cooles zu machen, und nimmt Jaksch zu einer Sexpositiv-Party mit. Zumindest ist das der Plan. Aber erst mal ist Vorglühen angesagt. Die beiden spazieren also durch die Münchner Nacht, mit Netzhemdchen und transparenter Bluse unter den Winterjacken, und ein wenig mulmig ist ihnen schon zumute. Eigentlich, das merkt man ihnen an, wollen sie lieber miteinander quatschen als mit wildfremden Leuten vögeln. Irgendwann sagt Jaksch: »Das ist halt das eigentliche Coolsein: wenn man akzeptiert, dass es gewisse Dinge gibt, die man in diesem Leben nicht mehr schaffen wird.« »Okay«, sagt Svenia. »Dann gehen wir da jetzt nicht mehr hin?« Sexparty gecancelt.[59]

Die Zuschauerin wird in dieser Szene Zeugin davon, wie eine FOMO-Seifenblase platzt. Eine ungesunde Illusion wird begraben. Ungesund ist sie nicht deshalb, weil Sexpartys per se abzulehnen wären, sondern deshalb, weil man unmöglich zur Ruhe kommen kann, wenn man denkt, man müsse ein gewisses Coolness-Drehbuch abspulen, um ein erfolgreiches Leben zu führen.

Es gibt jede Menge solcher Illusionen, die wir besser zu Grabe trügen. Zum Beispiel dieses Mantra hier: *Wenn ich nur hart genug an mir arbeite, werde ich ein ganz neuer Mensch.* Ein neuer Mensch? Aus der Psychologie wissen wir, dass die zentralen Persönlichkeitseigenschaften ab dreißig ziemlich stabil sind. Natürlich kann es im Einzelfall, etwa bei extremen Lebensereignissen, zu Verschiebungen kommen. Außerdem gibt es auch leichte altersbezogene Veränderungen – zum Beispiel nimmt die geistige Offenheit ab.

Aber im Großen und Ganzen sind wir auf unsere Persönlichkeitstypen festgelegt. Du wirst zum Beispiel nicht von einem Tag auf den anderen von einer introvertierten zu einer extrovertierten Person, nur weil du dir das vornimmst.[60]

Und das gilt nicht nur für die Persönlichkeitsentwicklung. Eine Vorstellung wie *Jetzt bin ich zwar unglücklich, aber alles wird besser, wenn ich nur endlich die Gehaltserhöhung bekomme* ist auch so eine Illusion. Was vorher schlecht war, wird nicht einfach dadurch gut, dass ich mir jetzt die Bulthaup-Küche und den Audi A6 in Firmamentblau kaufen kann. Allgemeiner gesprochen: Wir überschätzen den Einfluss positiver – und auch negativer – Veränderungen auf unsere subjektive Lebenszufriedenheit. Manche nennen das die »hedonistische Tretmühle«: Egal was passiert, wir fallen oder steigen am Ende doch wieder auf unser altes Glücksniveau. Bemerkenswert ist in dem Zusammenhang die Studie *Lottery Winners and Accident Victims* von Philip Brickman und Kollegen aus dem Jahr 1978. Sie zeigte, dass Lottogewinner sich nach einer kurzen ersten Freude langfristig wieder auf ihr altes Glücksniveau einpegelten. Ähnliches gilt für eine Vergleichsgruppe, die infolge von Unfällen querschnittgelähmt waren. Auch sie waren nicht nennenswert unglücklicher als vor ihrem Unfall, wenn man ihnen dabei half, ein nostalgisch-verklärendes Zurückblicken auf die gesunden Tage ihres Lebens zu überwinden.[61]

Man kann diese Tretmühle schrecklich finden (»Kein Ereignis wird mich je substanziell glücklicher machen!«), aber darin steckt auch eine Gelassenheitsbotschaft: Ich muss nicht immer nach der großen Revolution im Leben streben, muss mich nicht beständig nach der Decke strecken.

Wie wäre es also, wenn wir uns nicht dauernd von dem Glauben quälen ließen, unser Glück hinge allein von unserem Handeln ab? Dann würden wir vielleicht auch nicht mehr einer weiteren Illusion aufsitzen, die da lautet: *Ich bin meines Glückes Schmied.* Die ist gleich auf mehreren Ebenen falsch. Erstens, weil die Ego-Botschaft, die darin enthalten ist, nicht zu der Erkenntnis passt, dass mein Lebensglück ganz entscheidend von meinen Beziehungen zu anderen Menschen abhängt. Das ist das Ergebnis zweier außergewöhnlich umfangreicher Harvard-Glücksstudien namens *The Grant Study* und *The Glueck Study*, die über ein Dreivierteljahrhundert lang durchgeführt wurden und mehr als 600 Menschen unterschiedlicher sozialer Herkunft wissenschaftlich begleiteten, vom Interview bis zum Gehirnscan. Das zentrale Resultat: Die Qualität der engen Beziehungen ist für ein glückliches Leben ungleich wichtiger als Geld, Ruhm und Macht.[62]

Die Aussage, dass jeder Schmied des eigenen Glücks wäre, ist auch noch aus einem weiteren Grund Unsinn. Diese Redensart wird ja gerne von Leuten zum Besten gegeben, die es zu Wohlstand und Ansehen gebracht haben, zu äußerem Erfolg. Frei nach dem Motto: »Seht her, ich hab das alles ganz allein geschafft. Ihr könnt das auch.« Nur hängt dieser äußere Erfolg in Wirklichkeit viel stärker von willkürlichen Faktoren ab als von der schieren Leistung.

Das glaubt auch der Kognitionspsychologe Scott Barry Kaufman und untermauert die These mit einer Reihe von Beobachtungen. Gut die Hälfte der Einkommensunterschiede zwischen Menschen weltweit lassen sich ihm zufolge ausschließlich darüber erklären, in welchem Land jemand wohnt und wie dort die Einkommensverteilung aussieht. Eine weitere Beobachtung: Die Chance, CEO zu werden, schwankt merklich je nach Geburtsmonat (Juni und Juli sind die ungünstigsten Monate). Menschen mit leicht auszusprechenden Namen werden von anderen positiver bewertet. Und ein Großteil der wissenschaftlichen Fördermittel konzentriert sich laut Kaufman auf eine kleine Elite von Wissenschaftspromis – ob man dazugehört, hängt eher vom Zufall ab als von der Qualität der eigenen Forschung.[63]

Klar, ein gewisses Maß an Begabung und Anstrengung ist trotz allem ein relevanter Faktor für Erfolg. Aber glaubt man Kaufman, dann werden Glück und Zufall massiv unterschätzt, wenn es um die Frage geht, welche Individuen erfolgreiche Karrieren erreichen. Der Podcaster und Marketing-Professor Scott Galloway, der in den USA eigentlich eher als Provokateur bekannt ist, hat in einem ähnlichen Kontext mal einen sehr aufgeräumten Satz gesagt. Er bezieht sich darauf, dass reiche Leute, wenn sie von Jüngeren um einen Karriereratschlag gebeten werden, gerne mal mit der Plattitüde antworten: »Folge deinen Leidenschaften!« Für Galloway sind solche Aussagen ein Stück weit bigott. Sie würden nämlich mit Vorliebe von Menschen geäußert, die durch hoch bezahlte, aber dröge Jobs zu Geld gekommen seien und es sich jetzt leisten können, ihre Leidenschaften in den Mittelpunkt zu stellen. Daher sein Rat, der sich zwar weniger romantisch anhört, aber wohl zielführender sein dürfte: »Finde heraus, welcher Aspekt deiner Arbeit dir Freude bereitet, und setze im Rahmen der Möglichkeiten, die dir dein momentanes Standing bei deinem Arbeitgeber ermöglicht, einen zeitlichen Schwerpunkt auf diesen Aspekt.« Das erhöhe die Chancen, ein Einkommen zu haben, das einem dann später ermöglicht, immer mehr seinen Leidenschaften nachzugehen.[64] Voilà: Pragmatismus bei der Arbeit.

Überhaupt ist die Vorstellung, dass jeder entweder offen zur Schau gestellte oder im Zweifelsfall wenigstens geheime Leidenschaften haben muss, zu einem absurden Trend des Job- wie des Partnermarkts geworden. Nicht nur als Spitzenmanagerin mit Topgehalt, sondern auch als Aushilfskellner solltest du es heute bestenfalls »lieben, 24/7 dein Bestes zu geben«, wie es doch tatsächlich manche Stellenausschreibungen fordern. Leidenschaft, voller Einsatz und Scheuklappen für alles, was außerhalb der Arbeit existiert. Drunter geht's nicht. Dabei könnte man ja auch einfach mal einen Gang zurückschalten, und zwar in allen Bereichen. Arbeit kann man auch dann gut erledigen – wir würden sogar meinen: *nur* dann –, wenn man daneben noch so etwas wie Privatleben kennt. Und was ist mit dem Traummann? Der Partner ist vielleicht auch dann eine gute Wahl, wenn er eben nur gelegentlich wandern und nicht jedes Mal den Mount Everest erklimmen will.

Egal ob Jobmarkt oder Partnerbörse: Ein bisschen mehr Pragmatismus auf allen Seiten könnte nicht schaden. Zunächst eine nüchterne Bestandsaufnahme, und dann gilt es, ins Handeln zu kommen und Entscheidungen zu treffen, bevor man auf ewig zwischen den Stühlen des Für und Wider sitzen bleibt. Das mit den Entscheidungen ist erfahrungsgemäß wie eine Art Muskel. Je seltener du trainierst, desto schlaffer wird er, und desto größer ist die Gefahr, dass du in den geistigen Muskelkater, sprich die Endlos-Grübelschleife kommst. Manchmal hilft nur, einfach weiterzumachen. Versuch und Irrtum, und dann – im besten Fall – aus Fehlern lernen.

Natürlich gibt es bessere und schlechtere Entscheidungen. Nur weiß man das eben erst im Nachhinein. Situativ sind oft zwei Handlungsoptionen gleich attraktiv, aber Entscheidungslähmung ist bei alledem sicher keine Lösung. Vor ihr warnte schon im Mittelalter die Erzählung von *Buridans Esel*. Der darin beschriebene Vierbeiner ist damit konfrontiert, dass er genau gleich weit von zwei Heuhaufen entfernt ist. Die Haufen sind noch dazu gleich groß. Was also macht der Esel? Er verhungert, weil er sich nicht entscheiden kann, welchen Haufen er zuerst fressen soll. Da wär's deutlich besser gewesen, der Esel hätte einfach irgendwas gemacht, und sei es, die Entscheidungssituation durch einen Münzwurf aufzulösen, wenn er sich schon nicht so entscheiden kann. Das ist zwar schwierig, wenn man Hufe hat, aber in philosophischen Fabeln geht so manches.

Man kann den Gedanken noch ein Stück weitertreiben und behaupten, dass der Mensch erst durch seine Entscheidungen überhaupt zu seiner Würde kommt. Das ist eine Idee, die Jean-Paul Sartre und andere französische Existenzialisten in der Mitte des 20. Jahrhunderts populär machten. Die philosophische Parole lautete: Die Existenz geht der Essenz voraus. Das heißt, der Mensch ist zunächst »unbestimmt«. Er hat keine unveränderliche Natur, der er sich zu fügen hat, sondern er ist ein unbeschriebenes Blatt. Ein Nichts, gewissermaßen. Es gibt auch keinen Gott, der etwas mit ihm vorhat. Der Mensch ist frei – das ist erdrückend und erhebend zugleich. Er ist verantwortlich für das, was er ist. Er muss sich selbst gestalten, wie ein Maler eine Leinwand füllen und dabei Hunderte Entscheidungen treffen muss, bevor aus Farbe und Untergrund ein Kunstwerk geworden ist.

Wie kam Sartre zu dieser Ansicht? Die Aprikosen-Cocktails, die er und Simone de Beauvoir, seine Partnerin im Leben wie im Denken, im legendären Pariser Café de Flore zu jeder Tages- und Nachtzeit genossen haben sollen, mögen das ihre dazu beigetragen haben. Mindestens genauso einflussreich war eine philosophische Richtung, die sich Phänomenologie nannte und sich zum Ziel gesetzt hatte, eine Philosophie zu erschaffen, die sich mit dem Bewusstsein des Menschen und seinem Blick auf die Welt auseinandersetzt. Raus aus dem Elfenbeinturm, weg von theoretischen Spekulationen, hinein ins Leben, oder, wie der Wahlspruch der Bewegung lautete: »zu den Sachen selbst«.

Erfunden wurde der Ansatz von Edmund Husserl, der heute außerhalb der universitären Philosophie nur noch wenigen bekannt ist. An diesem Umstand hatte ausgerechnet sein eigener Schüler Martin Heidegger keinen unerheblichen Anteil. Heidegger griff die Ideen Husserls auf. Tribut zollte er ihm aber kaum, denn Husserl war Jude und Heidegger Nationalsozialist.[65] Heidegger avancierte (eher deswegen als trotzdem) in den 1930er-Jahren zu einem Popstar der deutschen Philosophie. Ein Status, den er – ungeachtet des Lehrverbots nach Ende des Hitler-Regimes – in den 1960er-Jahren wiedererlangte. Paradoxerweise war es gerade die französische Linke, die ihm zu neuem Ruhm verhalf. Der junge Sartre und viele seiner Geistesgenossen pilgerten regelrecht zu den Vorlesungen Heideggers. Denn der hatte in *Sein und Zeit,* seinem ebenso bedeutenden wie kryptischen Hauptwerk, nichts weniger verkündet als einen Bruch mit der gesamten bisherigen Philosophiegeschichte. Er wollte sich auf den Kern von allem, das Sein, konzentrieren. Das klang radikal und umstürzlerisch – genau das Richtige also für junge Revolutionäre wie Beauvoir und Sartre.

Einer der zentralen Gedanken in Heideggers Philosophie ist die »Geworfenheit« des Menschen. Geworfen – das klingt nicht besonders weich und plüschig. Und das ist Absicht. »Into this world we're thrown like a dog without a bone«, heißt es bei den Doors, die in ihrem Song *Riders on the Storm* das Existenzialismus-Thema so gekonnt auf den Punkt brachten, dass die Zeile mittlerweile als Inbegriff des Geworfenheitsgefühls gilt.[66] Genau wie der Hund keinen Knochen hat, an dem er sich festhalten kann, ist auch unsere Existenz als Menschen eine Existenz, die ohne äußere Stütze auskommen muss. Für die Existenzialisten gibt es gerade eben keinen göttlichen Auftrag, auf den wir uns zurückziehen und an dem wir unser Handeln ausrichten können. Leben ist Schwimmen ohne Schwimmflügel.

Wir haben nach Heideggers Ansicht keine andere Wahl, als mit dieser Geworfenheit zu ringen. Unser Leben auf diesem Planeten ist ein Faktum, das wir uns nicht ausgesucht haben. Wir sind einfach hier – ob wir wollen oder nicht, ob wir uns dabei gut fühlen oder nicht. Wir wurden nicht gefragt. Dem Universum ist unser Unglück egal. Und unser Glück übrigens auch.

Mit der Geburt werden wir in die Welt hineingeschleudert – auf den Wellen markerschütternder Wehen, durch den Unterdruck einer Saugglocke oder gar per Skalpell, und dann müssen wir sehen, was wir damit anstellen. Das ist so unausweichlich wie willkürlich. Sind wir erst mal jenseits des Uterus gelandet, ergreifen wir manche der Möglichkeiten, die sich uns bieten, und andere eben nicht. Wir tun all das nicht im luftleeren Raum, sondern in Auseinandersetzung mit der Welt, die uns umgibt. Wir arbeiten uns an unserer konkreten menschlichen Existenz ab und werden so, wer wir sind. Doch ein Hund ohne Knochen sind wir nicht nur, weil wir ins Leben ohne feststehende Sinngrundlage entlassen werden, sondern auch, weil es kein langfristiges Ziel gibt, auf das wir hinarbeiten können.

Das Dasein ist nach Heidegger unweigerlich ein »Sein zum Tode«. Aber halt! Das ist jetzt kein Grund, sich sofort von der nächsten Klippe zu stürzen. Es begrenzt lediglich unsere Existenz, also den Spielraum, in dem wir überhaupt in der Lage sind, Entscheidungen zu treffen, recht deutlich. Alles, was wir uns erarbeiten können – eine Familie, ein Anwesen, eine Karriere, ein prächtiges Aktienportfolio –, sind aus dieser Perspektive nur Zwischenstationen. Wir verlieren all das irgendwann, spätestens aber bei unserem letzten Atemzug. Das Damoklesschwert des Sterbenmüssens schwebt über unseren Köpfen. Wie soll man da frei und unbeschwert ins Handeln kommen?

Der dänische Philosoph Søren Kierkegaard hatte – lange vor Heidegger – versucht, das gleiche Problem zu lösen, indem er uns erst einmal zu einem ehrlichen Umgang mit der Ausgangslage ermuntert. Es gibt keinen einfachen Ausweg aus der Geworfenheit, aber es hilft anzuerkennen, dass unsere Lebenssituation in gewisser Weise eine – ja, das Wort ist drastisch – verzweifelte ist. Denn wir müssen tagtäglich eine Spannung aushalten: eine Spannung zwischen unserem Wissen um unsere Endlichkeit einerseits und den prinzipiell unendlichen Möglichkeiten einer offenen Zukunft andererseits. Zwischen der Tatsache, dass wir Teil der Natur und der darin waltenden Gesetzmäßigkeiten sind, und der Freiheit, in die wir als handelnde, bewusste Wesen entlassen sind. Von Kierkegaard stammt der Satz, der Mensch sei »eine Synthese aus Unendlichkeit und Endlichkeit, aus dem Zeitlichen und dem Ewigen, aus Freiheit und Notwendigkeit«.[67] Ein Selbst zu sein bedeutet für ihn, mit diesen Gegensätzen zu leben. Das mag bedrückend klingen, aber mit einer Prise Trotz und Rebellion kann man alledem auch eine hoffnungsvolle Botschaft abgewinnen.

Und dann gibt es ja immer noch Aprikosen-Cocktails und Pariser, Berliner oder Veroneser Cafés, um die Geworfenheit runterzuspülen. Überhaupt: Gepflegtes Daytime-Drinking, Schwarz mit Schwarz kombinieren, freie Liebe – von den Existenzialisten lässt sich einiges lernen. Wir picken uns als Fazit an dieser Stelle aber mal zwei andere Oliven aus dem Martini.

Erstens: Sosehr wir das Leben in Zukunft auch noch mit technischen Mitteln verbessern werden, so viel wir der Natur auch noch abtrotzen werden – der Möglichkeitsraum jedes Individuums wird immer in ernüchternder Weise begrenzt sein. Wer glücklich werden will, muss lernen, diese Erkenntnis zu ertragen.

Zweitens: Ich werde erst durch mein Handeln zu dem Menschen, der ich bin. Also sollte ich das mit dem aktiven Tun besser mal üben: den Perfektionismus über Bord werfen, Entscheidungen treffen und dadurch in einen Fluss kommen. Und wenn echt gar nichts mehr hilft, dann eben das Leben mit einem Augenzwinkern betrachten. Die Worte des Existenzialisten Albert Camus könnten dabei helfen. Er sagte: »Die Phantasie tröstet die Menschen über das hinweg, was sie nicht sein können, und der Humor über das, was sie tatsächlich sind.«[68]

FÜNF

Jetzt mal ganz pragmatisch

Was ist schon normal?

» Vor einer knappen Stunde habe ich die Arztpraxis betreten. Jetzt stehe ich wieder auf dem Gehweg. Dazwischen dieses große, verdammte Wort: Brustkrebs. Hier draußen vor der Tür merkt man davon nichts. Alles geht seinen gewohnten Gang. Die Blätter am Baum rascheln. Ein Auto fährt vorbei. Die Welt – sie ist noch da. Das überrascht mich. Ja, eigentlich empfinde ich das als Frechheit.

Wie sehr sich mein Leben soeben verändert hat, weiß ich zu diesem Zeitpunkt noch nicht. Das ist auch gut so. Dass man nicht zu einem Termin um kurz nach sieben Uhr morgens einbestellt wird, weil es so erfreuliche Nachrichten gibt – das habe ich bereits die ganze Nacht geahnt. Als dann aber das Wort Brustkrebs tatsächlich fällt und die nagende Angst der vergangenen Stunden Realität wird, bin ich trotzdem nicht darauf vorbereitet. Schwarzseherin, Pessimistin! Das sind Bezeichnungen, die ich immer wieder in meinem Leben zu hören bekommen habe: Man muss doch nicht immer gleich das Schlimmste annehmen.

Und dann ist das Schlimmste da: Krebs. Ein Tumor. In mir.

Was ich in den darauffolgenden Wochen erlebe, bezeichne ich in Gesprächen immer wieder als Ausnahmezustand. Doch irgendwann, mitten während der Therapie, frage ich mich: Wie lange kann man denn eigentlich von einer Ausnahme sprechen? Erst im Drei-Wochen-Takt, dann jeden Montag checke ich ein auf der Chemotherapiestation. Zunächst überrollen mich die Nebenwirkungen der Medikamente. Panisch liege ich am Boden des Badezimmers und erkläre meinem Freund, dass ich hier auf der Stelle sterben werde. Einige Stunden später lebe ich noch – zu meinem Erstaunen und seiner Beruhigung.

Trotz der Begleitmedikation hat mich die Übelkeit fest in ihrem metallisch-fiesen Griff. Über Wochen und Monate. Irgendwann lerne ich, dass man sie mit Junkfood einige Zeit überlisten kann, also füllen wir das Gefrierfach mit Backofenfritten und Fertigpizza. Ab dem fünften Zyklus kann ich die Abfolge meiner Zustände recht genau voraussagen: welche Beschwerden wann auftreten und an welchen Tagen mit emotionalen Zusammenbrüchen zu rechnen ist.

Der Albtraum wird Routine. Doch er wird nicht zur neuen Normalität. Er darf es nicht werden. Mein Alltag mag aus Arztterminen und Schmerzen bestehen, aber ich weigere mich, das als normal zu akzeptieren. Ich klammere mich daran, dass alles hier ein Sonderfall in der Zeitleiste meines Lebens ist und dass es ein Zurück in das vorher Gekannte gibt. Doch je mehr ich mich dagegen sträube loszulassen, desto mehr zerbröselt mir meine Normalität zwischen den Fingern. «

In der Informatik gibt es den sogenannten Default-Wert. Das ist das, was in einem Datenfeld angezeigt wird, wenn nichts anderes eingegeben wird. Der Default-Wert in Judiths Leben vor dem Krebs lautete nun nicht unbedingt »alles super«, sondern deutlich häufiger »passt schon«. Und dann sprang der Wert von jetzt auf gleich von »passt schon« auf »Krebs«, und es passte so gar nichts mehr. Wie fragil unsere Normalität dann doch ist, wird uns oft in der Krise klar. Und dann? Wie geht es weiter? Zynismus und Selbstmitleid sind jedenfalls keine Lösung; sie sind genauso unproduktiv wie ein starrköpfiges Aufbegehren gegen unveränderliche Umstände. Eine schwere Krankheit lässt sich nicht wegdiskutieren, wegschreien, wegleugnen, wegweinen. Wir haben alles davon ausprobiert – ohne Erfolg. Da hilft auch kein Furor: Dass eine Absperrung aus Beton auf der Straße steht, ist ein Problem, das sich auch nicht dadurch lösen lässt, dass man mit doppelter Geschwindigkeit dagegendonnert.

»Gelassenheit« müsste also die Devise lauten. Die hat allerdings nichts mit apathischem Herumhängen auf dem Sofa zu tun – wobei auch das zwischendurch mal helfen kann. Die Gelassenheit, die wir meinen, ist auch nicht gleichzusetzen mit Indifferenz: Es geht nicht darum, den ganzen Zorn, die ganze Verzweiflung einfach zu negieren und sich wie einen triefend nassen Waschlappen gleichgültig in den Schicksalswaschzuber plumpsen zu lassen. Es geht vielmehr darum, Tiefen zu durchleben und trotzdem nicht durchzudrehen. Eine Form kritisch reflektierter Gelassenheit, die hilft, Trost zu finden.

Manche Leute tröstet der Glaube; andere gehen auf Weltreise, um zu vergessen; wieder andere lenken sich mit ausgefallenen Hobbys ab. Man kann auch Kraft aus der Einsicht ziehen, dass wir mit der Dunkelheit nicht allein sind. Dass es eben nicht so ist, wie es sich vielleicht anfühlt: dass man, wenn etwas Schlimmes passiert, Knall auf Fall ausgeschlossen ist aus der Riege der normalen Menschen. Denn es gibt diese Riege der unbefleckt Glückseligen gar nicht, zumindest nicht unter Erwachsenen, die schon ein paar Jahre auf dem Buckel haben. Im wirklichen Leben werden Passt-schon-Phasen unausweichlich immer mal wieder von Krisen abgelöst. Uns hilft es deshalb, uns vom Konzept der einen wahren Normalität einfach ganz generell zu verabschieden.

Dass man die Idee einer allgemeingültigen gesellschaftlichen Normalität als bloßes Konstrukt verstehen kann, lässt sich besonders eindrücklich anhand einer Denkerin zeigen, über die wir bereits kurz gesprochen haben: Simone de Beauvoir. Sie ist eine der wichtigsten Existenzialistinnen. Wie wenige andere ihrer Zeit lehnte sich Beauvoir gegen die scheinbar in Stein gemeißelten Verhältnisse auf, und zwar nicht nur in ihren Schriften, sondern auch mit ihrem Lebensentwurf. Der für sie vorgezeichnete Weg als wohlsituierte katholische Hausfrau in der Provinz, die sich um die Kinder kümmert, war für sie eine Horrorvorstellung. Ein bürgerliches Leben? *Jamais.* Nie und nimmer.

Und so erschuf sie sich mit ihrem Partner Jean-Paul Sartre ein gänzlich unkonventionelles Leben – zumindest ist das die öffentliche Wahrnehmung, die die beiden durch ihre Auftritte und Schriften auch selbst beförderten. Dass durch das Vorleben einer offenen Beziehung eine Öffnung der Gesellschaft vorangetrieben werden könne, ist eine aufregende, eine provokante Idee – kein schlechter Schachzug in Sachen Selbstmarketing. Aber es ist eben auch nur eine Idee. Dass das in der Praxis dann oft gar nicht so erquicklich war, weil Eifersucht durchaus eine Rolle spielte und Beauvoir gelegentlich doch in eine klassische Frauenrolle in dieser Beziehung abglitt, weiß man heute.[69]

Also alles nur fake? Nein, denn Beauvoir und ihre Mitstreiterinnen und Mitstreiter schafften es sehr wohl, die Maßstäbe der Normalität zu verschieben: Beziehungen als radikal freie Wahl – nicht einfach das Ergebnis von vermeintlichen biologischen oder gesellschaftlichen Notwendigkeiten. Beauvoir und Sartre schufen sich ihren eigenen Zirkel; Familie war für sie, wie es der Autor Wolfram Eilenberger formuliert hat, ein »Freiheitsexperiment auf philosophischer Basis«[70]. Sie riefen dazu auf, gesellschaftliche Grenzen zu sprengen, und machten es selbst vor. Dabei hatten Beauvoir und Sartre immer ein ganz bestimmtes Ziel vor Augen: den Zustand zu erreichen, der uns die Möglichkeit eröffnet, wirklich zu werden, wer wir sind. Ein Gedanke, der den Feminismus bis heute beflügelt und uns zeigt, dass vermeintlich starre Geschlechteridentitäten nicht in Stein gemeißelt sind.

Das ist nur ein Beispiel für die übergreifende Erkenntnis, dass Normalität keine objektive Größe ist. Wenn Leute von gesellschaftlicher »Normalität« sprechen und Abweichler als abnorm darstellen, dann ist das oft nur ein rhetorisches Manöver jener Wenigen, die davon profitieren, wenn sich nichts verändert. Auf einem Parteitagsbanner der AfD prangte 2021 der Slogan »Deutschland. Aber normal.«. Was damit gesagt werden sollte: Wir haben hier die Definitionsmacht. Wie Normalität aussieht, bestimmen wir. Und das heißt im Fall von reaktionären Kräften jeglicher Couleur meist vor allem eins – nämlich dass alles bitte schön so bleibt, wie es einmal war. Dass die Rückschau auf ein Ereignis oder eine Epoche nicht zwingend etwas mit der Realität, die da herangezogen wird, zu tun haben muss – geschenkt. Vor allem ignoriert diese Haltung aber etwas sehr Universelles, nämlich den Wandel. Dabei ist der vielleicht das Einzige, was man mit Fug und Recht als Konstante der Normalität bezeichnen kann. *Die* Normalität gibt es nicht. Dinge verändern sich. Ständig.

Das ist erst mal irritierend oder sogar beunruhigend, weil es das Stabilitätsbedürfnis vieler Menschen unbefriedigt lässt. Es ist ja schließlich schwer genug, die jeweils gültigen Spielregeln des Miteinanders halbwegs zu verinnerlichen. Umso kränkender ist es, sich vor Augen zu halten, dass die meisten dieser Spielregeln und Normen dann doch mehr oder weniger beliebige Konventionen sind, keine heiligen Pflichten. Das ist kein schönes Gefühl, und deshalb liegt es nahe, sich auf die Suche nach objektiven Maßstäben zu machen, nach einer weltanschaulichen Leitplanke, die hilft, nicht aus der Kurve zu fliegen.

Manche glauben zum Beispiel, die »Natürlichkeit« sei so ein Maßstab: Demzufolge seien gewisse menschliche Verhaltensweisen »widernatürlich« und daher abzulehnen. Man nennt dieses Argument in der Philosophie einen *moralistischen Fehlschluss*. Die Vorstellung, dass zwischen der Natur und der Art und Weise, wie wir Menschen unser Leben einrichten sollen, eine klare Verbindungslinie bestehe, mag auf den ersten Blick plausibel erscheinen. »Natur« ist heute immerhin ein positiv belegtes Schlagwort, man denke an Biomärkte und Pullis von glücklichen Schafen aus dem Hess-Natur-Katalog. Aber der radikale Rückzug auf die Natur führt zu abwegigen Konsequenzen. »Natürlichkeit« kann niemand, der bei Verstand ist, als absoluten Wert setzen – zumindest wenn er noch Computer und motorisierte Verkehrsmittel benutzen oder seinem kranken Kind ein Fieberzäpfchen geben will. Wenn es überhaupt so etwas wie eine »Natur des Menschen« gibt, dann besteht sie nicht zuletzt darin, sich mittels Werkzeugen aller Art eine Welt zu schaffen, in der eben nicht die brutalen Regeln der rohen Natur gelten.

Hinzu kommt, dass es gar nicht so einfach ist, überhaupt zu sagen, was die Natur – also die Gesamtheit dessen, was es so gibt in der physikalischen Welt – ausmacht oder wie sie funktioniert. Wir wissen über die Natur immer nur so viel, wie die Wissenschaft darüber herausgefunden hat.

Die ersten Versuche, die Natur mit Mitteln der Vernunft zu verstehen, machten die Naturphilosophen schon vor zweieinhalbtausend Jahren. Etwa diese drei Herren, die allesamt aus Milet stammten – einer antiken Stadt, die, wenn es sie heute noch gäbe, in der westlichen Türkei läge: Thales, Anaximenes und Anaximander. Für Thales bestand alles aus Wasser, für Anaximenes war Luft der fundamentale Urstoff der Natur. Anaximander hingegen sprach von einem nicht näher bestimmten Urstoff, dem *apeiron*. Aus neuzeitlicher Sicht muten solche Beschreibungen abenteuerlich an. Aber irgendwo muss man ja anfangen.

Der altgriechische Schriftsteller Plutarch berichtet, Anaximander habe geglaubt, die Menschen seien ursprünglich »im Leibe von Fischen zur Entwicklung gekommen und ernährt worden [...] und erst, nachdem sie die Fähigkeit erlangt hätten, sich selbst zu helfen, seien sie [aus den Fischen] herausgeschlüpft und ans Land gegangen«.[71] Gewagte Theorie – aber immerhin: Da hatte jemand den Mut, basierend auf seinem Wissen und seinen Beobachtungen eine Naturdeutung anzubieten, die nicht auf überlieferte Göttergeschichten zurückgriff. Der *Logos* (die Vernunft) zog ins Denken ein und schickte sich an, den *Mythos* (die überlieferten Erzählungen) als Mittel der Welterklärung abzulösen.

Diese Art zu denken legte den Grundstein für die Naturwissenschaften: Man betrachtet einzelne Naturphänomene, experimentiert, sammelt Daten. Und dann stellt man eine übergreifende Hypothese auf, die die vielen kleinen Datenpunkte zu einem großen Bild zusammenführt. Man erzählt gewissermaßen eine Geschichte – genau wie die drei Philosophen aus Milet. Allerdings waren ihre Geschichten eben nicht mehr dem mythischen Denken verhaftet. Sie sollten nicht einfach nur gut klingen oder den neuesten Sex-and-Crime-Plot aus dem Olymp präsentieren. Stattdessen versuchten sie, ihr Beobachtungswissen in eine widerspruchsfreie Erzählung zu gießen. Nichts anderes tut auch die moderne Kosmologie, wenn sie etwa das vorhandene physikalische, chemische und astronomische Wissen zur Erzählung vom Urknall synthetisiert – nur dass sie vom Großrechner bis zum Radioteleskop mit mächtigeren Werkzeugen arbeitet.

Unser Wissen über und unser Bild von der Natur wandeln sich. Selbst wenn wir die Natur zum Maßstab nehmen, müssen wir uns eingestehen, dass das keine Garantie für eine in Stein gemeißelte Weltsicht ist. Es bleibt dabei: Es gibt keine Normalität, auch keine vermeintlich naturgemäße. Überhaupt lässt sich die Frage, welche Normalitäten als akzeptabel gelten, nicht mit naturwissenschaftlicher Strenge ein für alle Mal beantworten. Sie ergibt sich vielmehr aus dem Kräftespiel des Sozialen.

Die Gruppe, das Umfeld, die Gesellschaft – Normalitätsdefinitionen beruhen auf gesellschaftlichen Narrativen. Sie entstehen im Diskurs. Das war jedenfalls die Meinung des französischen Philosophen Michel Foucault. Ihn interessierte, welche Mechanismen es sind, die zu einer gesellschaftlichen Erkenntnis führen, etwas als Norm aufzustellen. Seine Antwort: Die Norm ist Redegegenstand. Sie wird ausdiskutiert. Das Ironische daran ist, dass gerade in öffentlichen Diskursen gesellschaftliche Normen als unumstößlich oder alternativlos dargestellt werden, obwohl sie qua Definition das Gegenteil sind. Heißt das, dass es keinerlei Beschränkungen im Diskurs gibt? Nein, denn es gibt das Element der Tabuisierung. Doch welche Meinungen als tabu gelten und welche nicht – auch das unterliegt einem dauerhaften Veränderungsprozess.

Wie man es aber auch dreht und wendet: Ein allzu hohes Maß an Fragmentierung und Beliebigkeit tut keiner Gesellschaft gut. Was passiert, wenn die gemeinsame Wertebasis erodiert und die soziale Zentrifugalkraft die Positionen immer weiter vom gemeinsamen Kern wegschleudert, sieht man in den USA, wo sich seit der ersten Amtszeit Donald Trumps als Präsident die gesellschaftliche Spaltung vertieft hat. Der Brückenschlag zwischen den auseinanderdriftenden Seiten wird immer schwieriger, insbesondere wenn Konsens gar nicht mehr als Ideal-, sondern vielmehr als Horrorvorstellung gesehen wird.

Auf der anderen Seite können auch zu starke Normalitätszwänge einem die Luft zum Atmen nehmen. Geradezu befreiend ist die Vorstellung, dass es kein Normal gibt, denn dann sind wir alle in unserer Seltsamkeit vereint: Wir sind alle Freaks.[72] Eine fast schon romantische Idee, die der Autor Robert Fulghum in diese Worte packte (die aufgrund ihres liebevoll-naiven Tons oft auch dem US-Kinderbuchautor Dr. Seuss zugeschrieben werden):

> *Wir sind alle ein bisschen seltsam, und auch das Leben ist ein bisschen seltsam. Und wenn wir jemanden finden, dessen Seltsamkeit mit der unseren zusammenpasst, dann tun wir uns zusammen und sind gemeinsam seltsam und nennen es Liebe – wahre Liebe.*[73]

Zugegebenermaßen macht diese Erkenntnis die Partnersuche nach dem passenden Weirdo auch nicht einfacher. Aber insgesamt ist das Bekenntnis zur eigenen Seltsamkeit ziemlich förderlich fürs persönliche Wohlbefinden. Denn so ein bisschen Exzentrik macht den Alltag doch deutlich interessanter. Und auch den der anderen. Der Philosoph John Stuart Mill – sonst eigentlich ein nüchterner Charakter – war sogar der Auffassung, dass Exzentrik, verstanden als Nonkonformität, ein Dienst an der Gesellschaft sei. Die Idee gefiel ihm selbst so gut, dass er ihr noch eine verbale Federboa umlegte: Das Ausmaß der Exzentrizität in einer Gesellschaft sei proportional zum Ausmaß an Genie, geistiger Kraft und moralischem Mut in ihr.[74]

Es tut gut, sich vor Augen zu halten, dass es kein Normal gibt. Judith etwa ging es während ihrer Therapie psychisch erst dann besser, als sie nicht nur akzeptieren konnte, dass ihre Normalität aus der Zeit vor der Diagnose nicht zu konservieren war, sondern auch, dass das schon irgendwie okay ist.

Wenn wir uns nicht wie Schiffbrüchige an das Normalitätsfloß klammern, sondern uns erinnern, dass wir eigentlich ganz gut schwimmen können, dann ist das ein Grund zur Gelassenheit. Wir können aufhören, uns dauerhaft zu überfordern oder überfordern zu lassen von den Ansprüchen der toxischen Positivität und dem Mandat der Perfektion, der Höher-schneller-weiter-Junkies und der Du-kannst-alles-haben-Mentalität. Weniger Word-Formatvorlagen-Lebenslauf, mehr *I did it my way*.

Wenn, ja wenn da nicht diese kleine hinterhältige Stimme im Kopf wäre, die sagt, dass das so nicht geht. Was sollen die anderen denken? Wie soll man denn mit so einer Einstellung erfolgreich sein? Was, wenn dabei eine gute Gelegenheit verpasst wird? Dann ist man ja vor allem eins: selbst schuld.

Empörung allein macht die Welt nicht besser

Mit der Schuld ist das so eine Sache. Sie hat eine verführerische Anziehung, und manche Leute gründen sogar ihr ganzes Weltbild auf Vorwürfen und Schuldgefühlen. Die Urteile über sich und andere sausen durch ihren Kopf wie die Atome in einem Kernreaktor. Ihre Welt dreht sich vor allem um das, was schiefläuft. Zum

Beispiel: »Mein Partner ist schuld, dass wir keine glückliche Beziehung führen« oder »Mein Leben wäre so viel besser, hätte ich damals die Stelle angenommen« oder »Die Politiker sind doch durch die Bank unfähig« oder »Andere Leute auf der Welt verdursten, und du lässt dir einfach so ein Vollbad ein!« oder, oder, oder.

Wahrscheinlich steckt in vielen dieser Aussagen sogar ein wahrer Kern: Vielleicht sind Partner oder Politik wirklich voller Mängel; möglicherweise war es ein Fehler, das Jobangebot nicht anzunehmen; und ganz bestimmt ist es nicht gut, wenn jemand der Ressourcenverschwendung Vorschub leistet. Man kann das durchaus so sehen. Die Frage ist aber, welche Schlussfolgerungen man dann im nächsten Schritt zieht. Man kann aus solchen mit unbarmherziger Absolutheit vorgetragenen Urteilen eine Endlosschleife generieren. Oder man kann versuchen, irgendwann stopp zu sagen: zu verzeihen, nicht dauernd auf Vergangenem herumzuhacken, auch mal ein Auge zuzudrücken. Kurz: Man kann ein frustriert rückwärtsgewandtes oder ein gelassen nach vorn blickendes Leben führen.

Letzteres wird indes durch die Tatsache erschwert, dass das verkrampfte Urteilen über sich selbst und andere der Deutschen liebster Freizeitsport ist. Aber warum eigentlich?

Dafür dürfte dieser Herr mitverantwortlich sein: Immanuel Kant (1724–1804). Kants *Kritik der reinen Vernunft* von 1781 war eine bahnbrechende Theorie, die erklärte, wie Vernunft und Erfahrungen zusammenwirken und was das für die Frage bedeutet, was wir überhaupt über die Welt wissen können. Kants Denken prägte die Geistesgeschichte grundlegend, und das gilt nicht nur für erkenntnistheoretische Fragen, sondern auch für jene der Moral. Bekannt geworden ist in dem Zusammenhang vor allem der kategorische Imperativ. Er findet sich bei Kant in mehreren Formulierungen, zum Beispiel in der berühmten »Gesetzesformel«:

»Handle nur nach derjenigen Maxime, durch die du zugleich wollen kannst, dass sie ein allgemeines Gesetz werde.«[75]

Dieser Satz hat es in sich. Er klingt ein wenig nach dem Sinnspruch »Was du nicht willst, das man dir tu, das füg auch keinem anderen zu«, hat aber einen weit umfangreicheren Wirkungsbereich. »Wie wäre es, wenn ich diese hübsche schwarze Vespa klaue, die jemand da am Straßenrand mit Schlüssel im Schloss geparkt hat? Würde sich eigentlich super in meiner Garage machen.« Klar, der Diebstahl wäre falsch. Aber laut Kant nicht deshalb, weil *ich selbst* nicht möchte, dass man mir meine Vespa klaut. Sondern weil ich unmöglich wollen kann, dass es *überall* zur Norm wird, dass alles, was nicht niet- und nagelfest ist, einfach von Passanten mitgenommen werden darf.

Die Moral sollte universalisierbar sein: Ihre Regeln haben nur dann einen Sinn, wenn sie für alle in gleicher Weise gelten. So weit, so gut. Aber wenn man mit Kant danach fragt, was denn diese Regeln sind, die unser Miteinander strukturieren sollen, fangen die Probleme an. Denn für ihn stehen sie ein für alle Mal fest. Unsere Aufgabe als Menschen ist es dementsprechend nicht, eine Moral zu *errichten,* die auf unsere Situation passt, sondern nur die ewigen Regeln der Moral, die unabhängig von uns existieren, *zu entdecken.* Diese Regeln lassen sich dann in Kants Vorstellung auf einfache Gebotsformeln bringen: »Du sollst immer X tun« oder »Du darfst niemals Y tun«. Berühmt ist Kants radikales Lügenverbot, für das er schon zu Lebzeiten viel Kritik eingefahren hat: Lügen ist für ihn *immer* falsch – auch wenn es sich um eine Notlüge handelt, mit der man ein Menschenleben retten kann.

Wenn also das nächste Mal ein bedrohlicher Typ mit gezücktem Messer an der Tür klingelt und sagt »Ich such deinen Mann – hab noch 'ne Rechnung mit ihm offen«, würdest du nach Kants Meinung doch tatsächlich Schuld auf dich laden, wenn du nicht wahrheitsgemäß antwortetest: »Der sitzt auf der Couch«, sondern dir ein »Der ist, ähm, nicht zu Hause« über die Lippen käme. Klingt verrückt? Ist es auch. Kants Denken ist streng und formelhaft. Es schreibt im Grunde religiöse Traditionen fort, denn auch in der Religion gibt es keine Flexibilität: Auch die Gebote des Handelns, die von Gott kommen, kann man – zumindest, wenn man die theologische Eigenlogik ernst nimmt – nur *erkennen*, aber man kann sie sich nicht einfach *zurechtlegen*.

Dabei ist Kants Ethik nicht nur deshalb gnadenlos, weil die Regeln, die gelten, sich menschlichen Bedürfnissen nicht anpassen, sondern auch wegen des Kriteriums, nach dem beurteilt wird, ob jemand die Regeln eingehalten hat. Hier zählt nämlich die Gesinnung, mit der eine Handlung ausgeführt wird, nicht die Folgen der Handlung. In manchen Fällen mag das einleuchten: Wenn ich in der Kantine meiner unliebsamen Kollegin unbemerkt die Suppe versalze, während sie sich kurz umdreht, und sie sie nicht isst, weil ihr ein dringender Anruf dazwischenkommt, bin ich nicht plötzlich ein netter Kollege, nur weil meine böswillige Handlung nicht von Erfolg gekrönt war. Das Suppenversalzen ist so oder so gemein. In der Praxis führt eine solche Gesinnungsethik aber zu absurden Konsequenzen. Einer echten Gesinnungsethikerin ist im Zweifel eine Welt lieber, in der alle alles, was sie tun, theoretisch gut meinen, aber alles in die Binsen geht, als eine Welt, in der die Menschen nicht ausschließlich gute Intentionen haben, es dafür aber gut läuft. *Fiat iustitia et pereat mundus* sagen die Rechtstheoretiker zu dieser Haltung: »Es möge Gerechtigkeit geschehen, auch wenn die ganze Welt dabei zugrunde geht.«

Wenn ich immer nur die Intentionen im Blick habe, wird es schwer, darauf ein Moralsystem aufzubauen, zumindest wenn man darunter ein System versteht, das gesellschaftliches Zusammenleben effektiv regelt. Schon allein wegen der psychologischen

Komplikationen, die damit einhergehen. Wenn ich eine Handlung wirklich bewerten möchte, müsste ich eigentlich in die Köpfe der anderen schauen können. Dabei ist es schon schwer genug, die *eigenen* Intentionen zu verstehen – abgesehen davon, dass man ja meistens nicht nur eine Intention hat. »Ich habe meinen Liebsten heute beim Frühstück gesagt, dass ich sie liebe.« Und warum? »Weil ich damit ein Gefühl ausdrücken will, aber auch, weil ich sie froh machen will, aber auch, weil ich glaube, dass sie im Gegenzug auch mir gegenüber liebevolle Dinge sagen werden.« Ein neutrales, ein altruistisches und ein egoistisches Motiv treffen hier zusammen, ohne dass es einen Widerspruch ergibt. Und das passiert jeden Tag bei jedem Menschen unzählige Male.

Der Kantianismus, der die Deutschen nachhaltig geprägt hat, hat das schlechte Gewissen serienmäßig eingebaut: Handlungen sind nur dann gut, wenn sie wirklich das Gute wollen. Es spricht einiges dafür, dass die in den angelsächsischen Ländern weitverbreitete Denkrichtung des Konsequentialismus die gesündere und besser handhabbare Lösung ist: Sie konzentriert sich auf das, was wir tatsächlich bewirken. Das ist schon schwer genug. Wenn ich zusätzlich noch gezwungen bin, das komplexe, schwer greifbare Gewirr an Gefühlen und Gedanken in mir zu managen, die zu meinen Handlungen führen, komme ich unweigerlich an den Punkt, an dem ich mich defizitär fühlen muss. Denn Gefühle und Gedanken lassen sich nicht einfach so regulieren. Sie sind nicht einfach »gut« oder »böse«. Sie sind viele, und sie sind komplex.

Im Kern fordert der Kantianismus, der sich vom Rechtstext über den Leitartikel bis zur Sonntagspredigt in unzähligen Bereichen der deutschen Alltagskultur findet, das eigene Innenleben auf Linie zu bringen. Zu kontrollieren, was sich nicht kontrollieren lässt. Und auch hier wird die Parallele zum strengen christlichen Denken deutlich. Man muss nur mal darüber nachdenken, welche Logik sich hinter einem Diktum wie jenem verbirgt, das im Matthäusevangelium Jesus zugeschrieben wird: »Wer ein Weib ansieht, ihrer zu begehren, der hat schon mit ihr die Ehe gebrochen in seinem Herzen.«[76] Als ob es möglich wäre, die eigene Libido einfach so abzuschalten. Eine Moral, die so konstruiert ist, dass ein Mensch ihr gar nicht gerecht werden kann, weil seine Psyche das nicht mitmacht, muss Schuldgefühle erzeugen.

Weil die permanente Notwendigkeit zur Gewissenshygiene so sehr in unserer Kultur verankert ist, sehnen wir uns auch so sehr danach, Bußakte zu begehen. Sie geben uns das Gefühl, wenigstens zwischendurch Kontrolle über den Füllstand des schlechten Gewissens zu haben. Wir nutzen jede symbolische Geste, um uns als gute Menschen fühlen zu können. Immerhin ist Schuld kein rationales, sondern ein emotionales Konzept. Wer Schuld empfindet, hat zuvor nicht einfach in einer nüchternen Analyse festgestellt, dass er etwas Negatives in der Welt bewirkt hat; Schuld ist sozial und kulturell aufgeladen. Das treibt dann kuriose Blüten.

Wir haben im Laufe der Zeit die eine oder andere Person kennengelernt, die so nach dem Motto argumentiert: »Solange es Krankheiten und Hunger auf der Welt gibt, werde ich keinen Schmuck tragen.« Kausaler Zusammenhang? Keiner. Fühlt sich halt gut an, so was zu sagen. Solidarisch, irgendwie. Und doch wird kein Ebola-Ausbruch verhindert, wenn irgendwer in Deutschland heute mal keinen Ohrring trägt. Die einzige reale Konsequenz ist, dass das Leben des Solidaritätsapostels ein wenig schmuckloser und selbstgerechter wird.

Solche symbolischen Handlungen helfen niemandem. Sie halten uns nur davon ab, uns mit der Frage zu beschäftigen, wie wir uns und die Welt so gestalten, dass sie tatsächlich lebenswerter wird. So wurde die Psychologin Lea Dohm, die das Netzwerk Psychologists for Future mitgegründet hat, in einem Interview gefragt, welche Rolle Appelle à la »Dreht die Heizung runter und zieht euch einen Pulli an, sonst seid ihr schuld, wenn die Welt untergeht!« mit Blick auf die Abmilderung der Klimakrise hätten. Sie entgegnete, die Forschung zeige, dass solche emotionalen Appelle allein wenig hilfreich seien. Stattdessen sollte es bei der politischen Kommunikation um zwei Dinge gehen: »Die Dringlichkeit des Problems muss unmissverständlich offengelegt werden. Und es müssen langfristige persönliche Handlungsoptionen aufgezeigt werden statt kurzfristiger symbolischer.«[77]

Das lässt sich auch am Beispiel von Freundschaften zeigen. Wer in Krisen auf emotionale Unterstützung aus dem näheren Umfeld zählen kann, hat, das zeigt die Forschung, eine höhere Chance, lange körperlich und geistig gesund zu bleiben. Aber: Unterstützung löst nur dann positive Gefühle aus, wenn sie auch als Unterstützung wahrgenommen wird. Wer hingegen anderen seine Hilfe ungefragt aufnötigt, erzeugt beim Gegenüber den Eindruck, es werde für unfähig gehalten, sich selbst zu helfen – und das ist nicht gut für das Selbstwertgefühl.[78] Also lieber erst fragen, bevor man mit einem gut gemeinten Hilfsangebot am Ende mehr kaputt- als gutmacht.

Unsere Tendenz zu symbolischen Reinigungsakten und nicht auf ihre realen Folgen hin abgeklopften Handlungen ist nur eine Facette des Gewissenskults. Hinzu kommt die Vorstellung, man leiste durch das bloße Absondern von Empörung einen konstruktiven Beitrag.

Und ja, da draußen gibt es tatsächlich eine Menge Menschen, die sich übel verhalten, im Kleinen wie im Großen. Man muss alledem nicht gleichgültig gegenüberstehen. Die Empörung hat durchaus ihren Platz; als mutige Geste wirkt sie vor allem dann, wenn alle anderen schweigen. Es hat sich aber in den sozialen Medien der Reflex etabliert, sich auf jedes als Fehlverhalten verstandene Handeln einer öffentlichen Person als eine Art Empörungsschwarm zu stürzen. Manche mögen jetzt sagen, dass das alles doch gar nicht so schlecht sei, immerhin würde dadurch die Diskussion über Missstände in Gang gebracht. Und natürlich ist uns eine Demokratie lieber, in der Shitstorms möglich sind, als eine Diktatur, in der die Angst vor der Obrigkeit alle Debatten erstickt. Andererseits wäre es auch naiv zu glauben, von Algorithmen auf Krawall und Zuspitzung getrimmte soziale Plattformen seien neutrale Diskursräume, in denen sich eine der Aufklärung verschriebene Gesellschaft durchgehend sachlich über die großen Fragen der Zeit verständigen könne.[79]

Dabei muss man das, was etwa auf Twitter passiert, wenn wieder eine Sau durchs Dorf getrieben wird, oftmals eher der Unterhaltungsindustrie zurechnen. Virtueller Katastrophentourismus macht schließlich Spaß: Es ist ungefähr der Spaß, der entsteht, wenn man den zwischenmenschlichen Querelen in Realityshows zuschaut. Noch besser fühlt es sich an, selbst Teil des Shitstorms zu sein und moralische Urteile zu fällen. Es versetzt einen in die Position der Überlegenheit, und es lässt auch diejenige von uns Richterin spielen, die im echten Leben nie die Chance hätte, eine Robe anzuziehen. Das macht süchtig, doch wenn wir uns von Urteilsreflexen treiben lassen, verlernen wir das urteilsfreie, nuancierte Denken. Wir fällen kategorische Urteile: Jemand ist entweder gut oder schlecht. Heraus kommt ein Freund-Feind-Denken, das auf der gesellschaftlichen Ebene zu Polarisierung führt und auf der individuellen Ebene dazu, dass sich Herzen verhärten.

Der Psychologe Daniel Yudkin hat anhand der zunehmenden Lagerbildung zwischen den Linksliberalen und den Konservativen in den USA nachgezeichnet, wie politische Polarisierung entsteht. Nämlich dadurch, dass Menschen, die verschiedene Grundüberzeugungen haben, etwas anderes meinen, wenn sie dasselbe sagen. Nehmen wir das Wort »Demut«. Es ist in beiden politischen Lagern ein positiv konnotierter Begriff. Konservative glauben, Erfolg stelle sich im Leben immer dann ein, wenn wir unsere eigenen Vorstellungen – demütig – Autoritäten und Traditionen unterordnen. Linksliberale hingegen legen Wert darauf, dass wir unsere Potenziale verwirklichen und unsere Individualität ausdrücken, aber dabei – demütig – anerkennen, dass Erfolg zu einem großen Teil von Umständen abhängt, die sich unserer Kontrolle entziehen. Ein Wort, zwei Welten. Die Folge: Die Lager reden aneinander vorbei und werden dabei zunehmend frustriert, bis sie irgendwann gar nicht mehr miteinander reden.[80]

Polarisierung macht Kompromisse unmöglich und alle zu Verlierern. Das gilt nicht nur für die große Politik, sondern auch für unsere Alltagsbeziehungen.

Untergehen können wir später immer noch

»Wer Groll hegt, verhält sich wie jemand, der Gift trinkt und dabei hofft, es möge seine Feinde töten«[81], soll Nelson Mandela gesagt haben. Das ist eine bemerkenswerte Einsicht, denn Grund für Groll hätte Mandela nun wirklich genug gehabt. Doch auch wenn du kein Friedensnobelpreisträger bist, gilt: Mit Verbitterung schadest du vor allem dir selbst. Klar, du kannst es dir zum Lebensinhalt machen, Protokoll darüber zu führen, wer dir wann ans Bein gepinkelt hat und wie viel schöner doch alles sein könnte, wenn die Welt bloß netter zu dir wäre. Aber macht das dein Leben wirklich besser?

Dass dieses Hadern unproduktiv ist, wussten schon die antiken Stoiker, eine Gruppe von Philosophen, die quasi nach ihrem Arbeitsort benannt wurden, der *stoa poikile*, einer bunten Säulenvorhalle auf dem Marktplatz von Athen. In Ermangelung besserer Alternativen fing um das Jahr 300 v. Chr. der Kaufmannssohn Zenon von Kition dort an, Philosophie zu unterrichten. Er rief seine Schüler dazu auf, ihren Verstand zu benutzen und ihre Impulse zu zügeln. In diesem Aufruf war bereits das enthalten, was man heute meint, wenn man von »stoischer Gelassenheit« spricht: das Idealbild der *apatheia* – eines heiteren, unerschütterlichen Gleichmuts.

Die Stoa hat schon mehr als zwei Jahrtausende auf dem Buckel, hat aber nichts an Relevanz eingebüßt. Sie hat den römischen Kaiser Marc Aurel genauso durch sein verantwortungsbeladenes Leben getragen wie Bundeskanzler Helmut Schmidt oder so manchen Trainer der American-Football-Profiliga NFL.[82] Dass die Stoa gerade bei Menschen gut ankommt, die unter großem Druck leistungsfähig sein müssen, ist kein Zufall. Denn im Zentrum der stoischen Lehre steht der Umgang mit Widrigkeiten: Wie kann ich auch dann noch ruhig und bei mir selbst bleiben, wenn die Welt um mich herum im Chaos versinkt? Ziel all dessen ist ein aktives Leben: kein Zaudern, kein Hadern. Die ideale Stoikerin empfindet keine Reue; denn wenn sich ihre Entscheidungen im Nachhinein als Fehler erweisen, dann gilt es eben, daraus zu lernen. Es gibt keinen Grund für Selbstvorwürfe, solange sie im Rahmen ihrer Möglichkeiten ihr Bestes gegeben hat.

In diesem Buch haben wir ziemlich oft über den allgegenwärtigen Aufruf zur Selbstoptimierung die Nase gerümpft. Wir haben das nicht deshalb getan, weil wir der Meinung sind, Menschen sollten in ihrem Streben nach einem besseren Leben gebremst werden; sondern deshalb, weil diejenigen, die zur Optimierung aufrufen, oft stillschweigend davon ausgehen, dass sich alles nach Belieben optimieren ließe. Die Stoa ist da schlauer. Sie denkt von Anfang an mit, dass die Welt eben so ist, wie sie ist, und wir die Begrenzungen haben, die wir eben haben. Zu erkennen, was zu den unveränderbaren und was zu den veränderbaren Dingen gehört, ist die zentrale Aufgabe, vor die uns das Leben stellt.[83]

Hat man das einmal begriffen, dann versteht man, warum es nichts hilft, nur beleidigt auf der Couch zu sitzen und zu lamentieren. Wer glücklich werden will, muss den Rahmen seiner Möglichkeiten aktiv ausnutzen, ohne zu hadern. So wie, sagen wir, die Spatzen, die ja auch nicht einfach irgendwann mit Singsang, Nestbau und Futtersuche aufhören und beschließen, desillusioniert in die Ferne zu starren, weil sie mit der Tatsache hadern, dass sie klein und braun statt groß und papageienbunt sind.

Die Stoa hilft uns dabei zu verhindern, dass sich unser Denken nur im Kreis dreht. Dafür fordert sie von uns Disziplin ein. Und ja, Disziplin ist ein altmodisches Wort, das schon beim Aussprechen staubig auf der Zunge klebt. Es erinnert in seinem Klang auch nicht ganz zu Unrecht an Obrigkeitshörigkeit und Uniformität. Doch die Stoiker meinen etwas anderes: Ihre Lesart der Disziplin beinhaltet gerade nicht die Unterwerfung unter Regeln, die andere machen. Es geht vielmehr darum, selbstbestimmt Handlungsroutinen zu entwickeln, die Stabilität und dadurch innere Ruhe mit sich bringen.

Dazu gehören so banale Dinge wie vernünftige Essgewohnheiten und regelmäßige Bewegung – die Sache mit dem gesunden Geist im gesunden Körper nahmen die Stoiker durchaus ernst. Aber die Idee der Selbstdisziplin geht noch weiter: Es geht dabei grundsätzlich um ein konsistentes Handeln, das auf konsistentem

Denken beruht; darum, Prinzipien zu entwickeln, die man sachlich, unaufgeregt, aber mit Entschlossenheit verfolgt.

Der amerikanische Autor Ryan Holiday hat in jüngerer Zeit viel dazu beigetragen, die Lehren der Stoa einem großen Publikum zugänglich zu machen. In seinem Buch *Discipline is Destiny* vertritt er die These, dass gerade dieses Element der Beständigkeit, das der Stoa innewohnt, ein ebenso unscheinbares wie mächtiges Erfolgswerkzeug ist. Als Beispiel führt er Dwight D. Eisenhower ins Feld, der ein Leben lang dem Prinzip treu blieb, dass die mächtigsten Menschen die sind, die Macht über sich selbst haben. Es begleitete ihn durch seine zunächst einmal recht unspektakuläre Militärkarriere. Durch Geduld, Pragmatismus und Kompromissbereitschaft schaffte er es schließlich nach und nach zum General, zum US-Oberbefehlshaber im Zweiten Weltkrieg und schließlich sogar zum 34. Präsidenten der Vereinigten Staaten aufzusteigen. Eisenhowers Erfolg war kein erzwungener, sondern ein Nebenprodukt konsistenten Handelns.[84]

Von der Stoa können wir lernen, ein solches konsistentes, beherrschtes Leben zu führen. Dazu gehört, nicht über jedes Stöckchen zu springen, das einem hingehalten wird, sondern bewusst Grenzen zu setzen. Ein Anti-FOMO-Programm gewissermaßen: Ich entwickle das Selbstbewusstsein, mich auf das zu konzentrieren, was in meinem Leben Priorität hat. Ich tanze nicht auf vielen Hochzeiten, sondern nur auf einer – aber dafür lass ich's da richtig krachen.

Solche Priorisierungsentscheidungen machen es erforderlich, dass wir vorher darüber nachdenken, welche Werte uns leiten. Denn wenn ich bei jeder Entscheidung – sagen wir: soll ich heute Abend ausgehen oder eine Bewerbung schreiben oder Tinder anwerfen oder einen Spaziergang machen? – gewissermaßen im luftleeren Raum nachdenken muss, wird jede Entscheidung zur Qual.

Besser ist es, zuerst allgemeine Prinzipien zu schaffen, dann klappt das mit den konkreten Entscheidungen im Alltag auch ohne großes Drama.

Natürlich ist das alles leichter gesagt als getan. Und ein Teil davon ist auch nicht mehr so ganz zeitgemäß. Die Stoa propagiert das Idealbild des seelenruhigen Weisen, der sich unbeirrbar auf seine Prinzipien verlässt. Ein unverrückbarer Monolith, der jedem Sturm trotzt. Nun wandeln sich die Zeiten heute ziemlich schnell, und es ist nur schwer vorstellbar, dass man mit Prinzipientreue allein zum Ziel kommt. Keine Familie, kein Unternehmen, kein Staat und auch kein Individuum ist in der Lage, für Jahre und Jahrzehnte im Voraus die eigenen Prinzipien so festzulegen, dass sie auf jede Eventualität gute Antworten bieten. »Wo sehen Sie sich in fünf Jahren?« war mal eine beliebte Frage in Bewerbungsgesprächen – sie heutzutage noch zu stellen löst nicht nur bei der Generation Z fragende Blicke und Kopfschütteln aus.

Leben passiert. Dauernd. Das Betriebssystem unserer Lebensführung braucht heute regelmäßiger denn je zuvor ein Update. Und das kann mitunter ziemlich beängstigend sein, denn die ständige Veränderung bedeutet Kontrollverlust.

Wie wird man trotzdem gelassen?

Ein Teil der Antwort liegt in dem, was wir bisher skizziert haben: darin, dass wir in unserer existenziellen Geworfenheit, in unserer Schwäche und unseren Ängsten nicht allein sind – dass wir alle Freaks sind. Ein zweiter Teil der Antwort lautet: Wir müssen die Gelassenheit schlicht und einfach in allen möglichen Alltagssituationen einüben – und zwar nicht nur in solchen von Krankheit und Tod, sondern erst mal im Kleinen. Das ist nämlich schon schwer genug. Ruhig bleiben, auch wenn einen jemand in zweiter Reihe zuparkt. Ruhig bleiben, auch wenn der gigantische Kaffeefleck, der sich da plötzlich auf dem Rock breitmacht, so gar nicht zur Präsentation passt, die man in zwei Minuten halten soll. Ruhig bleiben, auch wenn man unfair behandelt wird. Bei seinen Werten bleiben. »When they go low, we go high«, lautet Michelle Obamas Mantra, das sie immerhin acht Jahre im Weißen Haus überstehen ließ. Wer es schafft, Menschen, die einem blöd kommen, regelmäßig mit einer Freundlichkeit zu behandeln, die sie nicht verdient haben, ist ziemlich weit vorn in Sachen Souveränität.

Beim Gelassenheitstraining können auch Achtsamkeit und Meditation helfen, so wie überhaupt der Blick nach innen und das vorurteilsfreie Wahrnehmen, wie es gerade die fernöstlichen Lehren des Ruhebewahrens, die auch hierzulande immer beliebter werden, propagieren. Freilich gibt es auch in diesem Bereich Lifestyle-Erscheinungen, die mit Lebensweisheit wenig zu tun haben. Nur weil ich hin und wieder zum Yoga gehe und auf meinem Armband *just breathe* steht, habe ich noch nicht zwangsläufig das, was man als reflektierte Gelassenheit im stoischen Sinne beschreiben könnte. Es ist gut zu wissen, wie man seine Atmung reguliert und wie man in stressigen Situationen seinen Puls runterfährt. Wenn mir dabei eine Smartwatch hilft, ist das toll. Wenn ich aber hoffe, dass die Achtsamkeits-App alles easy für mich regelt, ohne dass ich an mir selbst arbeiten muss, ist die Enttäuschung ziemlich sicher vorprogrammiert.

Das heißt nicht, dass Entspannungsübungen und Meditationen ins Leere liefen – viele von ihnen funktionieren nachgewiesenermaßen. Existenzielle Probleme können sie unserer Meinung nach aber nicht lösen. Allgemein wird uns zu viel über die Tricks, Hacks und Quick Fixes geredet und zu wenig darüber, dass reflektierte Gelassenheit Integrität voraussetzt, also die Übereinstimmung meiner Werte mit meinem Handeln. Wenn du zum Beispiel Pazifistin bist, aber als Pressereferentin bei einer Schusswaffenfirma arbeitest, und du jeden Abend ausgelaugt nach Hause kommst, weil du deine Ansichten vehement verleugnen musst, dann kannst du natürlich versuchen, den ganzen Selbsthass beim Joggen rauszulaufen. Aber du packst das Problem nicht bei der Wurzel. Anstatt wirklich ins Tun zu kommen – also zum Beispiel deinen Job zu wechseln –, machst du nur Dinge, die zwar Aktivität simulieren, dich aber in Wahrheit im Kreis laufen lassen. Der ganze Aktionismus verhindert echte Veränderung.

Auf der Basis tiefer Seelenruhe zu handeln ist natürlich eine ziemliche Herausforderung – und das nicht erst seit gestern. Wir alle kennen die T-Shirts und Kaffeetassen mit der Aufschrift »Keep Calm and Carry On«. Der Spruch wurde zum ersten Mal 1939 auf ein Poster gedruckt. Es sollte die britische Bevölkerung auf die bevorstehenden entbehrungsreichen Kriegsjahre vorbereiten. Obwohl mehrere Millionen Exemplare aus der Druckerpresse liefen, wurden sie nie veröffentlicht. Spätestens als dann das Papier knapp wurde, entschied man sich zum Einstampfen. Erst im Jahr 2000 fand man den inzwischen gemeinfreien Designentwurf wieder – oben ein Krönchen, darunter weiße, zentrierte Schrift auf rotem Hintergrund. Er trat in der Folge seinen Siegeszug um den Globus an, und das nicht zu Unrecht, denn an dem Spruch ist einiges dran: Gelassen bleiben, wenn alles ohnehin in ruhigem Fahrwasser ist, ist keine Kunst. Spannend wird es dann, wenn sich um einen herum die Wellen auftürmen. Die britische Regierung ahnte, dass das Land durch den Krieg im wahrsten Sinne des Wortes unter Beschuss geraten würde, und appellierte an die – praktischerweise ohnehin für ihren Hang zum Stoischen bekannten – Briten, erst mal Ruhe zu bewahren.

»Keep Calm« – aber eben nicht nur das. Der zweite Teil der Parole ist mindestens genauso wichtig wie der erste, vielleicht noch wichtiger: »Carry On«, mach weiter. Klar, das sagt sich so leicht. Dabei ist gerade in der Krise dieses Weitermachen besonders schwierig. Wenn man sich fühlt, als würde man durch ein Gemälde von Dalí laufen, in dem die Welt um einen herum zu zerfließen droht – genau dann soll man zu paddeln anfangen? Ja, denn ehrlich gesagt hast du oft gar keine andere Wahl, wenn du nicht vom Wellengang auf Salvadors Farbsuppe verschluckt werden willst.

So wie die kotzende Ente, unser fiktives *emotional support animal*. Wenn's uns schlecht geht, tröstet uns ihre Geschichte. Sie erzählt davon, wie man sich mit Pragmatismus über Wasser hält:

Unsere Ente ist fürs Planschen auf einem ruhigen Teich gemacht, hochseetauglich ist sie eigentlich nicht. Und trotzdem ist sie jetzt auf dem Meer, ganz weit außerhalb ihrer Komfortzone – vielleicht durch ungünstige Umstände, durch ein fehlendes Navi, oder einfach aus abenteuerlustiger Selbstüberschätzung. Da muss sie jetzt irgendwie durch. Die Wellen tosen, und sie strampelt mal mehr, mal weniger tapfer. Sentimentale Gedanken an den beschaulichen Teich helfen ihr jetzt auch nicht weiter. Von dem ganzen Geschaukel wird ihr gehörig schlecht, und so kommt, was kommen muss: Sie übergibt ihren gesamten Mageninhalt den Wellen. Die schönen Regenwürmer und Muscheln, alles weg. Das macht sie aber auch irgendwie leichter. Der Druck im Magen löst sich auf. Und dann fällt ihr plötzlich ein, dass sie kein Pinguin ist und sogar fliegen kann. Nicht weit, nicht schnell, nicht elegant. Aber sie kommt mit ein paar ungelenken Flügelschlägen halt doch irgendwie aus den Wassermassen heraus. Wenn sie Glück hat, merkt sie, dass das rettende Land vielleicht gar nicht weit entfernt ist. Wenn sie Pech hat, nicht. Aber erst mal schauen, mal die Perspektive wechseln. Untergehen kann man später immer noch.

SECHS

Trotz allem

In Damokles' Hängematte

Im Englischen gibt es das schöne Wort *jinx*. Seine Etymologie reicht bis ins 17. Jahrhundert zurück und bezeichnet einen Zauberspruch oder Fluch. Wir sind also im Reich des magischen Denkens, und das gibt es auch heute noch: Wer kurz vor Ende eines Fußballspiels erklärt, dass der Sieg praktisch schon eingetütet sei, muss sich im Falle einer Niederlage den Vorwurf gefallen lassen, er habe den ungünstigen Ausgang beschworen, oder besser gesagt: »gejinxt« – Franz kann immer noch nicht ohne Bauchgrummeln an seinen verfrühten Jubel beim Champions-League-Finale 1999 zurückdenken.

Dabei ist das natürlich nichts als Aberglaube. Genauso dürften die immer wieder auftretenden Ausbrüche des Norovirus auf dem Kreuzfahrtschiff MS Queen Victoria mehr mit hygienischen Zuständen an Bord als mit der Tatsache zu tun gehabt haben, dass es der damaligen Herzogin von Cornwall bei der Taufe des Schiffs nicht auf Anhieb gelang, die Champagnerflasche sachgemäß an der Außenwand zu zerdeppern.[85] Interessanterweise finden dennoch viele Menschen, die mit dem ganzen Aberglauben an sich so gar nichts anfangen können, dass an der Vorstellung, man könne einen schlechten Ausgang herbeireden, tatsächlich was dran ist.

Und in der Tat gibt es dieses Phänomen wirklich, und zwar ganz ohne Magie: die selbsterfüllende Prophezeiung. Sie bezeichnet eine zunächst falsche oder verzerrte Einschätzung einer Situation, die sich dadurch, dass sie geäußert wird, selbst wahr macht. »Fall nicht hin!« – dieser Ruf unserer Mütter klingt uns bis heute in den Ohren und war ein erstaunlich treffsicheres Vorzeichen von wenig später aufgeschlagenen Knien. Und es bestand wirklich ein kausaler Zusammenhang: Der Ruf hat uns verunsichert, vielleicht auch zu Trotz und bewusst risikoreichem Verhalten geführt, jedenfalls hat er nicht dazu beigetragen, dass wir selbstverantwortlich handeln und gut auf unsere Knie aufpassen. (Was nicht heißt, dass wir unsere Mütter – gerade seit wir selbst Kinder und Haustiere haben – nicht auch irgendwie verstehen könnten.)

Ein anderes, diesmal historisches Beispiel: Während der Weltwirtschaftskrise, die 1929 ihren Ausgang nahm, kursierte über so manche Bank das Gerücht, sie sei kurz davor, zahlungsunfähig zu werden. An den Gerüchten war manchmal gar nichts dran – das änderte nichts am Ansturm auf die Kreditinstitute. Unzählige Menschen hoben panisch ihr Geld ab, sodass bei Banken, die zuvor noch über solide Finanzen verfügt hatten, mit einem Mal das Geld knapp wurde. Sie wurden tatsächlich insolvent – und zwar nur deshalb, weil sehr viele Leute *geglaubt* hatten, dass genau das passieren würde.[86]

Solche selbsterfüllenden Prophezeiungen finden sich auch jenseits der großen Finanzpolitik. Wer sich einredet, etwas *nicht* zu schaffen, hat gute Chancen, tatsächlich zu scheitern. Gerade dort, wo es darum geht, auf den Punkt eine bestimmte Leistung abzurufen – etwa in Prüfungssituationen oder Wettkämpfen –, ist eine innere Blockadehaltung einfach nicht hilfreich. Was dagegen schon helfen kann, ist, dem Erfolg zumindest eine Chance zu geben.

Und nein: Das heißt nicht, dass man sich aus beliebigen Situationen mit ein paar guten Gedanken und einem festen Willen zum Erfolg herausmanifestieren kann. Wer wissen will, wie zerstörerisch diese Überzeugung ist, dem sei Volker Schlöndorffs Film *Tod eines Handlungsreisenden* – eine Adaption des gleichnamigen Theaterstücks von Arthur Miller – empfohlen. Darin wird gezeigt, wie der Protagonist Willy Loman, ein mittelmäßig erfolgreicher Geschäftsmann, seinem Sohn Biff von früher Kindheit an eintrichtert, er könne ganz im Sinne des amerikanischen Traums alles schaffen, wenn er sich nur engagiert zeige und bei allen beliebt mache. Gerade diese Vorstellung blockiert Biff, der die Erfahrung macht, dass es dann doch nicht so einfach geht, und der immer wieder seine Jobs verliert. In der Schlussszene rechnet er mit seinem Vater ab: »Ich hab's nie zu was gebracht, weil du mir einen solchen Größenwahn eingeredet hast, dass ich mir von niemandem etwas sagen lassen wollte. Nach deiner Meinung soll ich's in zwei Wochen überall zu 'nem Boss bringen.« Biff will ein neues, nämlich ein authentisches und bescheidenes Leben anfangen. Für seinen Vater Willy kommt diese Einsicht zu spät. Er ist ein Leben lang dem schönen Schein hinterhergerannt und hat versucht, seine Erfolglosigkeit mit Großsprecherei zu kaschieren. Am Ende stürzt sich der Vater in den Selbstmord.

Wir haben bereits betrachtet, wie Positivität in vielen Kontexten toxisch sein kann. Das ist die eine Seite. Die andere Seite ist, dass es manchmal auch im positiven Sinne selbsterfüllende Prophezeiungen gibt.

Das ändert erst mal noch nichts an dem Umstand, dass wir manche Dinge nicht beeinflussen können: Wir werden geboren, und wir sterben. Zwischen unserem Anfang und unserem Ende haben wir allerdings jede Menge Zeit, und es wäre doch schön, wenn wir die auch irgendwie genießen könnten. Gerade deshalb sollte man sich der Idee nicht verschließen, dass es unter Umständen hilfreich ist, auch mal von einem guten Ausgang auszugehen. Wer das wie Franz ohnehin tut, der kann ein paar Absätze überspringen. Für alle Pessimisten und Zweiflerinnen wie Judith haben wir hingegen einen unkonventionellen Vorschlag: Man kann die selbsterfüllende Prophezeiung einfach mal *für* sich arbeiten lassen, auch ohne dass man ihr mit innerer Überzeugung anhängt.

Als ein Onkologe meinte, Judith sollte die Chemotherapie doch als Schutzengel bei der Bekämpfung des Tumors ansehen, wäre sie dem Herrn am liebsten ins Gesicht gesprungen. Auf der Chemostation gab es aber immer wieder Mitpatientinnen, die genau diese Haltung hatten, und Judith musste zugeben: Die taten sich mit der Gesamtsituation schon leichter. Genauso wie es Menschen, die darauf vertrauen, dass eine göttliche Instanz eine schützende Hand über sie hält, oft gelingt, insgesamt entspannter durchs Leben zu gehen. Glaubenkönnen ist aber nicht jedem gegeben, und – wenigstens ist das unsere Lebenserfahrung – man kann das auch nicht einfach lernen.

Was man aber sehr wohl lernen und trainieren kann, ist kluger Optimismus. Genau wie beim Laufen sollte man aber nicht mit einem Marathon starten. Manche mag das motivieren, die meisten aber eher frustrieren. Jedes Lauf-Coaching rät deshalb: Lieber erst mal eine lockere Runde um den Block joggen. Um beim Optimistischsein also nicht sofort aus der Puste zu kommen, braucht es zunächst kleine Schritte.

Judith hat sich für ihre Krebsnachsorge da eine spezielle Trainingsstrategie zurechtgelegt. Sie versucht, vor jedem Kontrolltermin zu denken: »Diesmal wird *noch* alles gut sein.« Noch? Ja, denn die Aussage »Der Krebs kommt garantiert nie wieder« wäre für sie gleichbedeutend mit einem Start bei der Formel 1 – in Windeseile von null auf hundert zur Sorglosigkeit. Das kann nicht funktionieren. Was aber klappt, ist die Vorstellung, dass der nächste Schritt, also die nächste Untersuchung, erst mal noch okay sein wird. Und jedes Mal ist das potenzielle Unheil dann um weitere drei Monate in die Zukunft verschoben. Das klingt furchtbar? Ja gut, niemand hat behauptet, dass das Leben unter dem Damoklesschwert schön wäre. Wenn das Ding jedoch *ohnehin* am seidenen Faden über einem baumelt, kann man es sich auch bequem aus einer Hängematte heraus anschauen. Zumindest gelegentlich.

Aber ist die Idee, etwas zu glauben, von dem man nicht wirklich überzeugt ist, denn nicht Selbstbetrug? Auf den ersten Blick könnte man da sagen: Ja, schon ein bisschen. Aber gerade wenn es um Ängste geht, stellt sich die Frage, ob die denn nicht auch nur eine Form von Betrug sind. Ein böser Streich, den uns unser Kopf spielt.

Stell dir vor, du bist mit dem Flugzeug unterwegs. Im Flug bewegt es sich auf einer schnurgeraden Linie von einer Wegmarke zur nächsten, ohne seitliche Neigung, ohne Sinken oder Steigen. Essen wird serviert, die Anschnall-Lampen sind aus. Obwohl du dich in 10.000 Meter Höhe befindest und mit fast 900 Kilometern pro Stunde durch die Luft saust, spürst du – nichts davon. Und nun stell dir vor, es treten plötzlich Turbulenzen auf. Turbulenzen, die in keiner Weise gefährlich sind, die sich aber bedrohlich anfühlen. Dein Herz schlägt schneller, ganz instinktiv. Du weißt genau, dass das mit dem Fliegen ziemlich sicher ist. Theoretisch. Statistisch. Viel sicherer als Autofahren. Und doch denkst du auf einmal ans Undenkbare, an den Absturz. Dir wird klar, dass es die Schwerkraft gibt, dass du in einer Konservendose mit einer Wandstärke von ein paar Millimetern nahe der Schallgeschwindigkeit unterwegs bist. Dir wird deine Zerbrechlichkeit bewusst.

Man muss richtig hart arbeiten, um gegen tief sitzende Panikreflexe anzukommen. Aber es lohnt sich. Es hilft in den unterschiedlichsten Situationen, sich klarzumachen, dass die Angst nicht man selbst ist. Dass sie nicht die objektive Realität ist, sondern nur etwas, das gewissermaßen automatisch in bestimmten Momenten entsteht. *Decoding fear*, also die Entschlüsselung der Angst, nennt das Michelle Obama. Sie schlägt als Gegenmaßnahme meditative Tätigkeiten vor (insbesondere das Stricken, was sie zu Judiths persönlicher Heldin macht). Dabei geht es nicht darum, Ängste wegzuleugnen, sondern mit ihnen umzugehen und, ja, mit ihnen zu leben. Reflektiert und gelassen.

Sollte dich all das nicht überzeugt haben, kommt hier nun ein zweiter Anlauf: Es gibt noch mehr gute Gründe dafür, zumindest vorsichtig optimistisch zu sein – Gründe, die weniger auf Emotionen, sondern auf einer nüchternen Beschreibung der Welt fußen. Denn wenn wir langfristig und holistisch denken, anstatt uns ausschließlich mit unseren jeweils aktuellen Alltagsproblemen zu beschäftigen, erkennen wir, dass die Welt tatsächlich besser wird.

Das ist erst mal ein Hammer. Während wir diese Zeilen schreiben, stecken uns Jahre der Coronapandemie, der Ukrainekrieg und ein bitterer Inflationsanstieg in den Knochen. Von der drohenden Klimakatastrophe und all den persönlichen Krisen, die uns in den letzten Jahren heimgesucht haben, ganz zu schweigen. Wir alle kennen heute das Gefühl, dass die Welt aus den Fugen geraten ist – ohne Aussicht auf baldige Besserung. Die Krisenhaftigkeit der Gegenwart ist angesichts all der Negativschlagzeilen, die uns ständig auf die Smartphones ploppen, schwer zu übersehen – und dennoch ist das Krisennarrativ nur *eine* mögliche Betrachtungsweise. Wenn man weiter und weiter herauszoomt, bis man beim Maßstab der ganzen Menschheitsgeschichte angekommen ist, wird das Lagebild ein anderes. Über Jahrtausende hinweg sehen wir viel Leid, doch in den letzten zwei Jahrhunderten gibt es einen rasanten Lebensqualitätsausschlag nach oben.

Um das zu verstehen, hilft es, einen Blick auf die drei Phasen der Menschheitsgeschichte zu werfen: Zunächst war der Homo sapiens als nomadisch lebender Jäger und Sammler unterwegs. Vor zehn- bis zwölftausend Jahren begann dann eine neue Ära: Menschen wurden sesshaft und fingen an, Landwirtschaft zu betreiben. Mitte des 18. Jahrhunderts wurde die dritte Phase eingeläutet: die industrielle Revolution, die sich zunächst in England, dann aber auch in anderen Teilen Europas und in den Vereinigten Staaten Bahn brach und durch eine höhere Produktivität zu einer Verbesserung der Lebensbedingungen führte. Im Jahr 1820 lebten 94 Prozent der Menschen in extremer Armut, also in Verhältnissen, die heute einem Budget von weniger als etwa zwei Dollar am Tag entsprächen. Aktuell gilt das nur noch für etwa ein Zehntel der Weltbevölkerung.[87]

Die Richtung stimmt, auch wenn es Rückschläge gibt: Die globale Pandemie hat, wie die Weltbank vorrechnet, mehr als siebzig Millionen Menschen in die extreme Armut getrieben. Gleichwohl ist gemäß der langfristigen Prognosen von einem weiteren Rückgang der Armut auszugehen.[88] Ähnlich sieht es bei der Kindersterblichkeit aus: Noch um 1900 überlebte eines von drei lebend geborenen Kindern weltweit seinen fünften Geburtstag nicht; diese Zahl ist heute im einstelligen Prozentbereich.[89]

Menschen ernähren sich heute besser, und sie werden älter. So weist der amerikanische Sachbuchautor Steven Johnson in seinem Buch *Extra Life: A Short History of Living Longer* auf die erstaunliche Tatsache hin, dass sich die Lebenserwartung innerhalb nur eines Jahrhunderts verdoppelt hat – Impfungen, Hygienemaßnahmen und vielen anderen Errungenschaften sei Dank. Wer 1880 in einem wohlhabenden Land auf die Welt kam, konnte statistisch betrachtet ein Leben von vierzig Jahren erwarten; nur zwanzig Jahre später, im Jahr 1900, lag die Lebenserwartung schon bei fünfzig, im Jahr 1960 bei siebzig und heute bei etwa achtzig Jahren. Und auch in den ärmeren Ländern weist der Trend nach oben. Die weltweite Lebenserwartung im Jahr 2019 von 72,6 Jahren ist höher als die jedes beliebigen Landes aus dem Jahr 1950, egal ob reich oder arm.[90]

Aus diesen und vielen anderen Zahlen hat der Harvard-Psychologe Steven Pinker die These destilliert, dass die Welt in der datengestützten Betrachtungsweise unterm Strich in der Tat eine bessere wird. Das zeige allein der Blick auf die letzten Jahrzehnte. Weniger Kriege, weniger Gewalttaten, weniger autokratische Diktaturen, weniger extreme Armut, weniger Atomwaffen, sogar weniger Todesopfer durch Terrorismus. Nur ist das alles schwer zu glauben, weil einen die Toten, Armen und Kriege, die noch da sind, natürlich bestürzt machen. Jeder Krieg, der dann doch noch geführt, jede Atomwaffe, mit der gedroht, jeder Terroranschlag, der begangen wird, ist furchtbar – so furchtbar, dass all das die Wahrnehmung aufs Hier und Jetzt lenkt. Umso wichtiger ist es, trotzdem auf Zahlen und langfristige Entwicklungen zu schauen.

Dass sich diese positiven Trends so schwer mit unseren subjektiven Gefühlen in Einklang bringen lassen, hat mit einer kognitiven Verzerrung zu tun: dem Deklinismus. Das Wort ist mit dem englischen *decline* verwandt, also »Verfall«. Der Deklinismus ist eine Haltung, die wie selbstverständlich davon ausgeht, dass die Welt schlechter wird, und dieses Dogma gar nicht mehr hinterfragt. Der Psychologe Pete Etchells hat in einem Artikel für den britischen *Guardian* einmal erläutert, welche psychischen Ursachen hinter der vor allem von Älteren vorgebrachten Behauptung stecken, früher sei alles besser gewesen. Die erste Ursache hängt damit zusammen, wie Erinnerungen funktionieren. So hat die Wissenschaft gezeigt, dass Siebzigjährige, die man nach autobiografischen Erinnerungen fragt, entweder Begebenheiten aus der unmittelbaren Vergangenheit schildern oder aber aus der Zeit, als sie zwischen zehn und dreißig Jahre alt waren. Die Zeit zwischen dreißig und sechzig kommt kaum vor. Zudem haben Forscher herausgefunden, dass Menschen, wenn sie älter werden, sich eher an positive als an negative Erfahrungen erinnern. Nimmt man diese beiden Effekte zusammen, wird klar, dass wir im Alter einen unrealistisch verklärenden Blick auf unsere Jugendzeit haben. So kommt es, dass die Gegenwart wie ein müder Abklatsch einer vermeintlich goldenen Jugend wirkt, und daraus wird dann geschlussfolgert: Es geht alles den Bach runter.[91]

Dass der Deklinismus so weit verbreitet ist, hat aber auch gesellschaftliche Gründe. Wir haben oben schon über den Hang postkapitalistischer Gesellschaften zu Optimierung und Perfektionismus gesprochen: Wir werden dazu konditioniert, unseren Jetzt-Zustand an unerreichbaren Idealen zu messen. Das erzeugt eine chronische Unzufriedenheit – Wasser auf unsere deklinistischen Mühlen. Zudem wird unser *negativity bias*, das Gegenstück zum *optimism bias*, also jene kognitive Verzerrung, die uns die Welt besonders negativ wahrnehmen lässt, durch die Art und Weise, wie Medien funktionieren, befeuert. Und wir reden hier nicht über die alarmistische Regenbogenpresse, die, wenn dem König von England der Schnürsenkel aufgeht, titelt: »Charles und die Schuhfrage: Seine größte Prüfung«. Sondern wir reden auch über eigentlich der Nüchternheit verschriebene Formate. Hast du schon mal eine Ausgabe der *Tagesschau* gesehen, die sich schwerpunktmäßig darum drehte, was alles gerade echt super läuft? Man muss nicht in eine platte Medienschelte verfallen, um festzuhalten: Die Berichterstattung dreht sich häufig um negative Ereignisse. Wir erleben das Hier und Jetzt als fragil und krisenhaft. Und das ist es natürlich auch – aber nicht nur.

In den letzten Jahren ist eine Bewegung entstanden, die diesem Problem begegnen will. Der »konstruktive Journalismus« versucht, der Flut der Hiobsbotschaften eine andere Form der Berichterstattung entgegenzusetzen: So haben sich unter anderem die Online-Magazine *Perspective Daily* und *GoodNews* sowie die Nachrichtensendung *Cosmo Daily Good News* des WDR lösungsorientiertes Denken auf die Fahnen geschrieben. »Konstruktiv« heißt dabei nicht automatisch »nur positiv«. Es geht nicht um Beschönigung, sondern um die Einordnung in einen globalen Zusammenhang.

Nüchtern betrachtet ist die Welt besser, als viele von uns aus dem Bauch heraus vermuten würden. Deshalb bietet sich gerade für analytisch Denkende, die sich nicht von kurzfristigen Einschätzungen und kognitiven Verzerrungen beeinflussen lassen möchten, der dezente Optimismus als Lebenseinstellung der Wahl an.

All das darf uns natürlich nicht tatenlos und selbstgefällig machen. Gerade mit Blick auf die Klimakrise ist die »Irgendein Tech-Genie wird die Lösung schon finden, also kein Grund zur Sorge«-Rhetorik eher lähmend als konstruktiv. Mindestens genauso lähmend aber ist es, wenn wir glauben, man könne eh nichts mehr ausrichten; wenn wir herumsitzen wie die Protagonisten in Lars von Triers Endzeitfilm *Melancholia* und darauf warten, dass uns der große bedrohliche Planet namens Zukunft verschlucken wird. Vorsichtiger Optimismus im Geiste der Nüchternheit heißt: Lasst uns nicht so viel Zeit darauf verschwenden, uns in Untergangsfantasien zu sonnen. Sondern lasst uns die Frage stellen: Was kann ich jetzt gerade tun, damit die Welt noch ein Stück besser wird?

Die Geschichte von Maxi

» Im Juli 2011 ist Maxi gestorben. Wir waren damals fast acht Jahre ein Paar gewesen, seit der elften Klasse. Maxi hatte Nebennierenkrebs, und als er entdeckt wurde, war er weit fortgeschritten. Das Nebennierenkarzinom ist eine sehr seltene Krebsart. In Deutschland erkranken daran hundert bis zweihundert Menschen jährlich. Heruntergebrochen auf eine Stadt von der Größe Münchens hieße das, dass in einem Jahr statistisch gesehen ungefähr zwei Leute diese Krankheit haben. Und wahrscheinlich sind diese zwei Leute im mittleren Alter, denn das ist die Lebensphase, in der die Krankheit am häufigsten auftritt.[92] Eine Mittzwanzigerin mit Nebennierenkrebs kommt also praktisch nicht vor.

Aber Höchstwahrscheinlichkeiten helfen dir als Betroffener auch nicht weiter. Wenn der Amboss aus einem blauen Himmel fällt und dich in den Boden rammt, bringt es nichts, dass so was »eigentlich nicht passiert«. Für mich war Maxis unerwartete Krankheit surreal, so als wäre plötzlich irgendetwas Fundamentales in der Welt über Nacht verschoben worden. Als leuchteten die Ampeln plötzlich blau statt rot, und keinen störte das, und die Welt machte einfach weiter. Nur man selbst fragt sich, ob das sein kann und welche Macht dafür verantwortlich ist. Bei Blau stehen, bei Grün gehen. Hallo? Fällt das sonst niemandem auf?

Es war ein Kampf gegen Windmühlen: die OP, die Bestrahlung, die Medikamententherapie. Der Moment der Konsterniertheit, als ich mit Maxi in der Onkologie war, wo man uns eröffnete, dass die Frage, wie groß die Heilungschancen seien, eine falsch gestellte Frage sei und dass es jetzt eher darum gehe, die Lebensqualität bis zum Ende hoch zu halten.

Zwischen Maxis Diagnose und ihrer Beerdigung lag auf den Tag genau ein Jahr, so als wäre das ein auf 365 Tage angelegter Romanplot, von dem jeder, der sich ein bisschen auskennt, sagt, dass das zu konstruiert wirkt, weil das so nicht in der Realität vorkommen kann. Diese 365 Tage waren, so seltsam es klingen mag, keine schlechte Zeit. Jedenfalls nicht nur. Es gab Momente der Hoffnung und viel »jetzt erst recht« – Pläne vom Umziehen, vom Pizzabuffet bei unserer geplanten Hochzeitsfeier, vom Weiterstudieren und Weiterleben.

Nach der Diagnose hat sich unser Leben um 180 Grad gedreht: Es brauchte nur ein paar Wochen und wir waren in diesem ganz anderen Modus angekommen. Die Gespräche drehten sich auf einmal nicht mehr um Gossip aus dem Freundeskreis, Fachschaftspartys und Lieblingscafés, sondern um Fatigue-Erscheinungen, Nachsorgetermine und Medikamentendöschen. Ich hatte oft das Gefühl, wir seien Mittzwanziger, die im Fasching ein Rentnerpaar spielen, mit Theaterschminke und künstlichen Krampfadern und allem, und die plötzlich merken, dass das ein Albtraum ist, aus dem sie nicht aufwachen können. In dem Alter willst du dich mit dem nächsten großen Ding beschäftigen, nicht mit den letzten Dingen.

Und doch schlichen sich irgendwann die letzten Dinge in unseren Alltag. Wenn ich über den Frühling 2011 nachdenke, denke ich zuallererst an die Seelenruhe, mit der Maxi mir, als wir beide auf ihrem Sofa saßen, die Schiller-Anthologie herüberreichte, das Lesezeichen schon auf der richtigen Seite: Sie habe ja jetzt nicht vor zu sterben – aber im Falle des Falles wäre es doch nicht schlecht, wenn etwas Vernünftiges vorgelesen würde bei der Gedenkfeier. Also, hier bitte schön, die *Nänie*, ein Trauergesang im antiken Stil. »Auch das Schöne muß sterben!«, heißt es darin.

Freunde haben mir später gesagt, ich hätte Jahre gebraucht, um diese Gravitas zu verlieren, diese Witwer-mit-Rose-am-Grab-Schwere. Mit 24 war ich älter als heute.

Wenn ein junger Mensch einfach so stirbt, dann ist das eine Geschicht ohne Moral von der Geschicht. Es gibt da keinen tieferen

Sinn dahinter. Maxis Tod ist ein Faktum, das ich hinnehme, weil es keine andere Wahl gibt. Das heißt nicht, dass es nicht etwas mit mir gemacht hat. Es gibt Dinge, die ich auf meinen eigenen Weg mitgenommen habe. »Lebe diesen Tag, als wäre es dein letzter« – man sagt das so dahin, aber der Satz bekommt eine andere Bedeutung, wenn du verinnerlicht hast, dass das wirklich passieren kann, auch Leuten, die sich dreimal am Tag die Zähne putzen, brav ihre Steuern zahlen, jung sind und gesund scheinen, Sport machen und nicht zu viel Stress haben.

Es ist nicht zwangsläufig bedrückend, diese Einsicht ständig präsent zu haben. Oft ist es sogar ein Vorteil, weil es einem leichter fällt, Dinge, die einem in der Alltagshektik erst mal groß und dramatisch erscheinen, nach einem ersten Panikanfall dann doch recht schnell wieder auf die angemessene Kniehöhe zurechtzustutzen. Schwieriger zu beantworten ist dann aber die Frage, was das mit dem eigenen Verhältnis zur Zukunft macht, mit der großen Frage nach Optimismus und Pessimismus. Ich weiß, dass eine bestimmte Schlussfolgerung sich aufdrängt: Wenn jeder Moment der letzte sein könnte, dann sollte man die Dinge, die einem wichtig sind, möglichst sofort tun. Also tatsächlich jeden Tag leben, als wäre er der letzte?

Ich glaube, das geht gar nicht. Man müsste jeden Tag auf irgendwelche Berge klettern und Sonnenaufgänge anschauen, müsste Nächte durchtanzen und in Meeren schwimmen. Aber das erzeugt nur Hektik. Und hektische Tage, an denen man verzweifelt versucht, das letzte Tröpfchen aus der Lebenszitrone zu quetschen, ergeben in Summe auch kein gutes Leben. So läuft das nicht: Man muss Dinge manchmal auch langsam und strukturiert angehen, man muss auch mal planen, man muss Geduld haben. Aber wie sehr? Wie viel Zeit darf man sich lassen?

Maxi hatte große Zukunftspläne. Sie war eine richtig gute Studentin, eine Altphilologin mit einem außergewöhnlichen Gespür für antike Texte. Das blieb nicht unbemerkt: Als sie im vierten Semester war, eröffnete ihr einer ihrer Dozenten, er werde bald eine Professur an einer Uni in Nordrhein-Westfalen annehmen. Wenn Maxi wolle, könne sie doch einfach zu ihm kommen nach dem Studium. Eine Promotionsstelle sei ihr sicher, für Studentinnen wie sie habe er immer einen Platz frei. Wow. Das war toll. Es war eine Perspektive, die einen über die Anstrengungen des Studentinnenlebens hinwegtrösten konnte – nur eben eine Perspektive, die erst in drei, vier Jahren zur Realität werden würde.

Es ist anders gekommen.

Vor ihrer Diagnose hatte Maxi eine ziemlich gut ausgearbeitete Vision von ihrem Leben gehabt. Das war gut, weil es nicht schaden kann, einen Plan zu haben, und es war zudem mehr, als die meisten Leute Anfang zwanzig zu bieten haben. Es war aber auch riskant, weil mit dieser Vision die Überzeugung einherging, dass ihr Leben nur dann wirklich sinnvoll sei, wenn der Plan aufgehen und sie eine unbefristete Stelle in der Wissenschaft bekommen würde. Er ging nicht auf, weil da plötzlich diese Krankheit war. Er hätte übrigens auch aus anderen Gründen nicht aufgehen können, der Plan. Jeder, der sich mit den Arbeitsbedingungen in der Wissenschaft auskennt, weiß, dass Talent und Wille für eine sichere Karriere nicht ausreichen, weil einfach zu wenig feste Stellen da sind.

Wie gesagt, es gibt hier keine Moral von der Geschicht. Es gibt keine Ausrufezeichen, sondern nur Fragezeichen. Ich denke zum Beispiel an unsere frühe Studienzeit, eine Zeit, in der Maxi und ich uns sowieso schon gegenseitig in unserer Wir-müssen-da-jetzt-durch-Rhetorik bestärkt haben: Das Studium ist nur eine Durchgangsstation, jetzt gilt es, fleißig Hausarbeiten zu schreiben, für Klausuren zu büffeln, kein Seminar zu verpassen und uns nicht von trockenen Mensaschnitzeln, dem chaotischen Prüfungssystem, chronischem Geldmangel dank Studiengebühren (die gab's damals noch in Bayern) und selbstherrlichem Lehrpersonal aus der Konzentration reißen zu lassen.

Und wenn's uns mal schlecht geht, träumen wir einfach von dem, was später mal sein wird.

Maxis avisierte Doktorandinnenstelle war da noch Wasser auf unsere Mühlen. Als würde man mit dem Fernglas durch die Fußgängerzone laufen, um auch ja bis zur übernächsten Querstraße sehen zu können, und dabei Leute anrempeln, über Hydranten fallen und die netten Läden neben einem ignorieren.

Ich habe das alles damals nicht so klar gesehen, aber im Rückblick frage ich mich, ob ich, ob *wir* nicht mehr im Moment hätten leben sollen – und wieso es diese bittere Pointe von Maxis Krankheit gebraucht hat, um den Punkt zu verdeutlichen.

Als Maxi schon ziemlich schwach war, hat sie mal zu mir gesagt: »Mir ist das mit der Wissenschaft nicht mehr so wichtig. Ich finde das immer noch gut. Aber ich kann mir auch vorstellen, Floristin zu werden. Das wäre auch okay, Hauptsache was Schönes, was sich gut anfühlt.« Ehrlicherweise hat sie das vielleicht auch gesagt, weil sie gespürt hat, dass im Vergleich zum Ziel »Überleben« jedes andere Ziel erst mal zweitrangig ist. Und doch hat mich der Satz mit der Floristin nicht mehr losgelassen. Diese Idee, dass wir oft so sehr mit Planen und Optimieren beschäftigt sind, dass wir dabei einfach vergessen, dass es erst mal – auch – darum geht, dass das, was wir unmittelbar tun, gut ist.

Überhaupt ist mir aufgefallen, dass Menschen, die am Ende ihres Lebens stehen, dazu neigen, ein geradliniges Konzept vom Sinn des Lebens zu haben. Der amerikanische Singer-Songwriter Warren Zevon zum Beispiel. Der war im Oktober 2002 mit Lungenkrebs im Endstadium noch einmal in der Late-Night-Show von David Letterman zu Gast. Als Letterman ihn fragte, ob es denn etwas gebe, was man in so einer Situation übers Leben lernen könne, entgegnete Zevon nur lakonisch: »Enjoy every sandwich.«

Die kleinen Dinge des Lebens, die jetzt passieren, sind die, die wir oft übersehen. Aber heißt das, dass wir gar nicht mehr nach vorn schauen dürfen?

Das mit der Hoffnung ist eine vertrackte Angelegenheit. Einerseits ist sie der Grund, warum manche Leute überhaupt bereit sind, morgens aufzustehen und rauszugehen – der Glaube, dass es anders, dass es besser werden kann. Andererseits darf man sich, glaube ich, von der Hoffnung nicht abhängig machen.

Man kennt diese Geschichten ja zur Genüge. Die Leute, die trotz eines guten Gehalts jahrzehntelang jedes Tchibo-Kaffeepad zweimal benutzen und die den Aldi-Angebots-Prospekt mit dem verbissenen Eifer eines Bibelschülers studieren. Leute, die sich sagen: Wenn ich mal in Rente bin, wird alles anders, da mache ich von meinem sauer Ersparten dreimal im Jahr eine Kreuzfahrt und lass es mir so richtig gut gehen. Und dann kommt die Rente, doch es fehlt jetzt an Kraft und Abenteuerlust, und die alten Gewohnheiten des sparsamen Alltags haben sich schon so eingeschliffen, dass es zu spät ist für ein wenig Genuss.

Oder die Rente kommt gar nicht – so wie bei dem älteren Herrn, den ich in einem Krankenhauszimmer kennengelernt habe. Er hat erzählt, dass er sein Leben lang hart körperlich gearbeitet hatte. Montags bis freitags Fliesen legen, und dann am Samstag noch mal schwarz bei Bekannten dasselbe Spiel. Als er in Rente ging, hat er sich von seinem sauer Angesparten endlich den Mercedes gekauft, von dem er immer geträumt hat. Und dann ist er gestorben. Ein paar Monate Benz für ein Leben voller Entbehrungen.

Ich habe damals viel über den Satz des Sängers Konstantin Wecker nachgedacht, er sei so ein Typ, der sich eigentlich stündlich Sonnenuntergänge wünsche. So ein ungeduldiger Hedonismus ist schon ein wenig naiv, und wahrscheinlich muss man daran zwangsläufig zugrunde gehen, jedenfalls wenn man ihn zu ernst nimmt und versucht, dem Leben in jeder Sekunde die höchste Lust abzugewinnen. Aber wenn ich mich dann selbst im Alltag beobachte und merke, dass es mich mal wieder zu den ultrarationalen Selbstverbesserern zieht, die ihre romantische Sonnenuntergangsbeobachtung nur einmal im Jahr durchführen und dafür schon einen wiederkehrenden Termin in ihren Kalendern stehen haben, dann denke ich mir: So ein bisschen mehr entspannte Präsenz im Heute könnte nicht schaden.

Ich glaube, man darf ruhig große Ziele haben. Aber man muss sich klarmachen, dass man den größten Teil seiner Zeit unterwegs verbringt, auf irgendeiner Etappe, auf dem *Weg* zum Ziel – und nicht im Zielbereich, wo der Champagner gereicht wird. So schön können die kurzen Aufenthalte hinter der schwarz-weiß karierten Linie gar nicht sein, als dass sie für beliebig große Unterwegs-Strapazen entschädigen würden. Es hilft nichts: Man muss sich auch den Weg schön machen.«

Optimismus für Pessimisten

Wenn Kinder die Welt entdecken, ist erst mal alles ein Spiel. Franz' zweijährige Tochter kann eine Stunde lang Steine in einen Topf sortieren, ohne dass ihr langweilig wird. Sie betreibt diese Tätigkeit mit einem heiligen Ernst, sie ist dann ganz im Jetzt. Ob es dann später Mittagessen gibt, ob Besuch kommt, ob es gerade kalt oder warm ist, ob der heutige Vormittag anstrengend oder ruhig verlaufen ist – all das interessiert sie nicht. Sie sortiert jetzt einfach Steine.

Mit dem Erwachsenwerden kommt die Verantwortung, die langfristige Perspektive. Nur im Moment leben geht dann nicht mehr. Wir müssen unser Leben *führen*, müssen es gestalten. Wir sind dauernd am Priorisieren, wägen das Heute gegen das Morgen ab, entscheiden uns für oder gegen Partner, Jobs und Lebensweisen, teilen unsere Kraft ein, setzen Schwerpunkte. Das ist anstrengend. Doch hat man den Trick mit der Lebensplanung erst mal raus, gewinnt man etwas, das ein Wesen, das nur im Moment lebt, nicht hat: das Gefühl der langfristigen Kontrolle über sein Leben.

Es ist, das muss man leider so sagen, ein trügerisches Gefühl. Maxis Geschichte zeigt das genauso wie Judiths und viele andere, die davon handeln, dass alles anders kommt als geplant.

Die Schlussfolgerung kann nicht die blanke Panik vor der nächsten Katastrophe sein. Aber vielleicht der Entschluss, etwas kleinere Brötchen zu backen? Vielleicht so, wie es Nina Martin in dem Buch *Plane nicht – lebe!* vorschlägt. Martin hatte einen ziemlich konkreten Plan, wie ihr Leben vom Berufseinstieg bis zur Rente verlaufen sollte. Doch dann wurde bei ihr ein lebensgefährlicher Herzfehler diagnostiziert – die Unternehmensberaterin musste lernen, kurzfristiger und flexibler zu denken. Daraus hat sie für sich und andere die »Mosaik-Methode« abgeleitet. Die Idee dabei ist, dass das Leben nicht als Gegenstand eines über Jahrzehnte hinweg gültigen Masterplans gedacht wird, sondern als Mosaik vieler Erfahrungen.

Das muss nicht in Chaos und Beliebigkeit enden. Denn auch aus disparaten Einzelteilen kann ein großes Ganzes entstehen – das weiß jeder, der schon einmal prächtige Mosaiken gesehen hat, wie sie etwa in den Kirchen im italienischen Ravenna zu finden sind. Wichtig ist Martin aber, dass wir unser Mosaik nicht sofort komplett umbauen, wenn eine neue Erfahrung dazukommt, sondern dass wir uns immer auch von unseren langfristigen inneren Werten leiten lassen. Die positive Veränderung tritt dann nach und nach ein – das Leben ist eben Stückwerk.

Genau darin liegt für uns der Kern des existenziellen Pragmatismus. Wir werden nicht dadurch gelassen, dass wir uns einreden, dass alles super ist. Sondern dadurch, dass wir verstehen, warum es okay ist, wenn gerade nicht alles super ist.

Man schmettert Menschen, denen es nicht gut geht, gerne mal wohlmeinende, aber völlig nutzlose Sätze wie diesen hier entgegen: »Es könnte schlimmer sein!« In dem Moment, in dem du eine Bestrahlung durchmachen musst, bringt es dir null Komma nichts, dass dieser Bestandteil der Krebsbehandlung nicht ganz so furchtbar ist wie die Chemotherapie. Die Wurzelbehandlung wird nicht leichter zu ertragen dadurch, dass man immerhin nicht arbeitslos ist; und die Last des Liebeskummers wird nicht geringer dadurch, dass andere Leute überhaupt keine Partner haben, obwohl sie sich danach sehnen. So funktionieren Menschen nicht. Ängste und Schmerzen wohnen im Moment, sie sind keine relativen, sondern absolute Größen. Menschen in ihrem Leid ernst nehmen heißt also auch, auf Vergleiche und Relativierungen zu verzichten.

Eine Krankheit, eine Trennung, ein überfordernder Job: Manchmal ist nichts so, wie es sein soll. Wie kommt man trotzdem halbwegs heil und heiter durch die Ernstfälle des Lebens? In den zurückliegenden Kapiteln haben wir ein paar Antworten darauf gefunden. Wir haben bei Philosophen nachgelesen, haben Psychologinnen zu Wort kommen lassen. Und wir haben uns immer wieder gegenseitig herausgefordert: die Pessimistin und der Optimist.

In der Dokumentarserie *McCartney 3,2,1* schildert Paul McCartney, wie aus ihm und John Lennon das vielleicht beste Songschreiber-Duo der Geschichte entstehen konnte. Neben einer Menge Talent spielten nämlich auch die Charaktereigenschaften der beiden eine Rolle: »John nahm immer eine Abwehrhaltung ein; denn so ist er durch seine Kindheit gekommen. Ich war viel offener, optimistischer. Deshalb haben wir im Team so gut funktioniert.«[93] Von den beiden ist die Anekdote überliefert, dass McCartney eines Tages am Klavier saß und an der Songzeile »I've got to admit it's getting better, getting better all the time« feilte. Lennon, der gerade zur Tür hereingekommen war, antwortete prompt und singend: »It can't get no worse.« Lennon lieferte bei den Beatles den ironischen Witz, den Blues, die Rauheit; McCartney steuerte die eingängigen Melodien, die Lebensfreude, die Wärme bei.

Wahrscheinlich braucht es zunächst einmal beide Seiten: den wohlwollenden genauso wie den schonungslosen Blick auf die Welt. Denn wenn sich extreme Einstellungen in der einen oder der anderen Richtung verfestigen, ist das Unglücklichsein vorprogrammiert.

Wenn die Positivity erst mal ins Rollen kommt, wird sie zur zerstörerischen Lawine. Der Druck, ständig nach Glück zu streben und sich in Sachen Happiness noch zu übertrumpfen, hält sich nicht nur hartnäckig, sondern erfuhr einen regelrechten Boom durch die sozialen Netzwerke. Auch neueste Studien belegen die Toxizität von zu viel Schönfärberei: 2022 untersuchte ein Team aus Forscherinnen und Forschern um den niederländischen Psychologen Egon Dejonckheere über siebentausend Menschen aus vierzig Ländern und verglich die Erkenntnisse mit denen des World Happiness Index, dem Ranking, das angibt, wie glücklich Menschen in ihren jeweiligen Ländern sind. Das Ergebnis: Vor allem in Ländern mit bereits recht hohem Glücksniveau war auch der Glücks*druck* recht hoch, und das wiederum hatte massiv negative Auswirkungen auf das Wohlbefinden.[94] Auch Optimismus kann also ziemlich unglücklich machen. Aber nicht jede Form von Optimismus: Der reflektierte, maßvolle Optimismus ist der Gegenentwurf zur Positivity-Maschine der Glücksindustrie.

Denn man darf bei aller Kritik an der toxischen Positivität nicht vergessen, dass auch die Gegenspur alles andere als eine Autobahn zur Zufriedenheit ist: Pessimismus macht Menschen kaputt. Pessimisten haben häufiger Angststörungen und Depressionen. Sie erholen sich langsamer von Krankheiten und berichten häufiger über Stress. Es gibt sogar wissenschaftliche Untersuchungen, die darauf hindeuten, dass Pessimisten häufiger in finanzielle Nöte kommen. Das mag überraschend klingen – vermutlich ist der Grund, dass jemand, der ohnehin nicht an eine gute Zukunft glaubt, auch nicht das Gefühl hat, dass es sich überhaupt lohnt, dafür zu sparen.[95] Große Bevölkerungsstudien zeigen zudem, dass Pessimisten kürzer leben als Optimisten. Motivationsforscherin Michaela Brohm-Badry äußerte sich zu den Gründen in einem Interview so:

> *Optimistische Menschen empfinden Situationen, die für andere anstrengend oder ärgerlich sind, nicht als stressend, weil sie glauben, alles werde sich eher zum Guten wenden. Dadurch schütten sie weniger Stresshormone aus – was gesünder ist, denn ein permanent erhöhter Cortisolspiegel kann Bluthochdruck auslösen und das Risiko für Herzinfarkt erhöhen.*[96]

Wer dauerhaft pessimistisch ist, demoralisiert nicht nur sich selbst, sondern auch sein Umfeld. So hat ein Forscherteam um die Biomedizinerin Alison Hill sich den Spaß gemacht, Optimismus und Pessimismus als Infektionskrankheiten zu modellieren. Sie zeigen, dass der Kontakt mit einem zufriedenen, positiven Menschen die Chance, selbst zufrieden zu sein, um zwei Prozent erhöht. Die Wahrscheinlichkeit hingegen, unzufrieden zu werden, erhöht sich bei jedem negativen Kontakt um vier Prozent.[97] Pessimismus ist also gewissermaßen doppelt so ansteckend wie Optimismus.

Allein schon deshalb muss man also gegen den Pessimismus angehen – zumindest wenn einem Glücklichsein wichtiger ist als

Rechthaben. Wie wir das meinen? Ungefähr so wie in der *pascalschen Wette*. Benannt ist die nach dem Philosophen, Mathematiker und Physiker Blaise Pascal (1623–1662). Dieser plädierte dafür, die Existenz Gottes im Zweifel lieber mal anzunehmen, auch und gerade als Mensch, der mit Religion nichts um Hut hat. Die Wette geht so:

Wenn ich an einen rettenden Gott und ein Jenseits glaube, es diesen Gott aber nicht gibt und ich nach dem Tod einfach, na ja, tot bin – dann ist weder etwas Gutes noch etwas Schlimmes passiert. Dass ich falsch lag, tut dann nämlich auch nichts mehr zur Sache. Aber wenn es Gott doch geben sollte: Jackpot. Dann gehöre ich zu den Gläubigen, die es im Jenseits besser haben. Hallo, ewiges Leben samt Wölkchen und Ambrosia!

Wenn ich aber *nicht* an Gott glaube und sich mein Unglaube als zutreffend erweist, dann habe ich am Ende nichts gewonnen; von meinem Rechthaben kann ich mir dann nämlich auch nichts mehr kaufen. Falls es aber einen Gott gibt, kann es sein, dass es für mich als Ungläubigen im Jenseits ziemlich ungemütlich wird.

Fassen wir zusammen: Glauben erzeugt entweder ein neutrales oder ein positives Ergebnis, Nichtglauben entweder ein neutrales oder ein negatives. Ergo: Variante eins ist schlauer.

Nun gibt es Probleme mit dieser Wette – nicht zuletzt deshalb, weil sie an ganz bestimmte Prämissen geknüpft ist. Sie setzt etwa einen Gott voraus, der auch jene Gläubigen im Jenseits gut behandelt, die nur geglaubt haben, weil sie sich das ewige Leben ertricksen wollten. Da müsste Gott schon ziemlich naiv sein, wenn er oder sie die Tickets fürs Paradies so verramschen würde. Dass wir Pascal hier anführen, ist übrigens auch nicht als Aufruf zur Religiosität zu verstehen – ausgesprochen von einer Atheistin und einem Agnostiker wäre der sowieso unglaubwürdig. Interessant ist Pascals Wette aber trotzdem, denn sie ist sozusagen die Urszene des strategischen Prognostizierens. Die Idee dabei: Wenn ich keine Ahnung habe, wie eine Sache ausgeht, dann entscheide ich mich einfach für die Prognose, die mir die meisten Vorteile einbringt. Und das ist in aller Regel nun einmal die optimistische. Spielen wir das einfach mal durch:

Wenn ich glaube, dass etwas schiefgeht, und es geht schief, verbringe ich die Zeit bis zum Eintreten des Ereignisses in Furcht und Negativität – kein schöner Zustand. Hinzu kommt, dass das Rechtbehalten sich in diesem Fall nur bedingt gut anfühlt. Um es mal überspitzt auszudrücken: Wenn ich schon immer vorhergesagt habe, dass ein irrer Diktator per Nuklearschlag alles Leben auf der Erde zerstören wird, und das dann eintritt – dann hatte ich zwar recht, aber ich bin dann genauso tot wie alle anderen. Kein guter Deal.

Wenn ich glaube, dass etwas schiefgeht, und es geht nicht schief, dann erweise ich mich als Schwarzseherin, die noch dazu realitätsfern ist. Damit kann ich mich dann zwar cool fühlen, aber außer meinen Haustieren mag mich dann trotzdem niemand.

Also probieren wir das Ganze mal mit der umgekehrten Voraussetzung: Wenn ich glaube, dass etwas gut geht, und es geht dann doch schief, hatte ich Unrecht – aber immerhin ging's mir bis zum Eintreten des Ereignisses gut. Hoffnung ist ein angenehmerer Zustand als Furcht. Selbst wenn diese Haltung manchmal zu Enttäuschungen führt, fällt die Freude, die aus einem von moderatem Optimismus geprägten Leben entsteht, stärker ins Gewicht.

Und schließlich: Wenn ich glaube, dass etwas gut geht, und es geht gut, ist sowieso alles in Butter. Nicht zu vergessen, dass ich mit Optimismus manche Ausgänge positiv, mit einem Pessimismus manche Ausgänge negativ beeinflussen kann – die selbsterfüllende Prophezeiung lässt grüßen.

Und deshalb sagt unsere persönliche Wette: im Zweifel lieber mal auf Optimismus setzen. Die Wette funktioniert allerdings nur dann, wenn ein negativer Ausgang nicht deutlich wahrscheinlicher ist als ein positiver. Unterqualifiziert, unvorbereitet und ungewaschen in ein Vorstellungsgespräch zu gehen und zu glauben, man habe die Stelle quasi schon sicher, ist recht dumm. Wenn ich aber erfahre, dass in die Nachbarwohnung morgen ein neues Pärchen einziehen wird, sollte ich vielleicht erst mal nicht davon ausgehen, dass das die schlimmsten Menschen aller Zeiten sind, und der nachbarschaftlichen Beziehung eine Chance geben.

Ja, es mag auf den ersten Blick wie ein Gemeinplatz wirken. Und doch kann die Erkenntnis, dass man Optimismus in bestimmten Situationen strategisch einsetzen kann, selbst wenn man eigentlich kein allzu frohes Gemüt ist, lebensverändernd sein. Wichtig ist dabei aber – auch das zeigt die Geschichte von Maxi –, dass uns der Optimismus nicht dazu verleitet, zu sogenannten *Deferrers* zu werden. So bezeichnet der Podcaster und Sachbuchautor Tim Ferriss Leute, die sich komplett für ein großes Fernziel verausgaben und sich das vermeintliche ultimative Glück bis ganz zum Schluss aufsparen.[98] Er zeichnet den Gedanken anhand unterschiedlicher Unternehmertypen nach. Statt die vernünftige Position einzunehmen »Meine Firma soll stabil laufen und im Alltagsgeschäft Geld verdienen«, sagen sie: »Mir ist alles egal, Hauptsache, ich kann am Schluss mit dem Laden an die Börse gehen und reich werden, der Rest wird sich dann schon irgendwie ergeben.«

Der gefährliche Glaube, der dahintersteht: Die Zukunft wird – ja sie muss! – golden sein, also spielt es keine Rolle, wie die Gegenwart aussieht. Das Problem dabei ist unter anderem, dass, wer so denkt, kein tiefes Verständnis davon entwickeln kann, was ihn Tag für Tag zufrieden macht. Das ist Glücks-Prokrastination.

Judith hat das in ihrem Berufsleben auf die harte Tour lernen müssen. Ihr Mantra war lange: In der *nächsten* Karrierestufe wird bestimmt alles besser; du musst auf der aktuellen nur noch ein bisschen durchhalten, dann wird das schon. So wurde jeder Job mit messianischen Erwartungen überfrachtet, Aufgeben war lange keine Option für sie. So lange, bis Seele und Körper streikten. Einfach nur Zähne zusammenbeißen ist eine lausige Strategie, auch wenn sie in unserer Wettbewerbsgesellschaft viel Applaus bekommt.

Durchpowern mag einfacher erscheinen als Durchdenken. Doch das ist eine Rechnung, die nicht aufgeht, denn Zwangspositivität ist – egal woher der Druck kommt – am Ende des Tages Selbstbetrug. Es führt kein Weg vorbei an der Reflexion, auch wenn sie noch so anstrengend ist. Wer sich ständig davor drückt, sich selbst kennenzulernen, schiebt die wirklich wichtigen Fragen des Lebens auf die lange Bank. Es ist Zeit, das zu ändern. Abstand zu gewinnen zum Alltagswahnsinn. Souverän und selbstbestimmt zu werden. Reflektiert und gelassen eben.

Klar: Auch wir haben an manchen, vielleicht sogar an vielen Tagen für all das nicht genug Energie. Wenn die Kraft aber ausreicht, dann könnte ein gelassener, reflektierter Tag ungefähr so aussehen:

Wenn du morgens vor den Spiegel trittst und in ein verzagtes Gesicht blickst, und wenn du glaubst, dass niemand auf der Welt verstehen kann, wie mies sich deine Situation gerade anfühlt, dann hilft dir vielleicht die Erkenntnis: Du bist nicht allein. Die Menschheit ist ein Leidensbündnis, auch wenn die sozialen Medien mit ihren Hochglanz-Profilen etwas anderes suggerieren. Es gibt niemanden, der keine existenziellen Krisen durchmacht – von den vielen kleinen Krisen ganz zu schweigen. Und auch bei denen darfst du dich schlecht fühlen. Das ist okay. Dein Leid wird nicht unbedeutender dadurch, dass es anderen vielleicht noch schlechter geht. Oder dass es anderen besser geht. Du bist dein eigenes Referenzsystem, Punkt.

Wenn du dann nach dem ersten Kaffee bereit bist, auf die Straße zu treten, atme vorher dreimal durch und nimm dir dann vor: »Heute halte ich mich mal einen Tag lang nicht mit Schuldgefühlen auf – weder mir selbst noch anderen gegenüber. Ich versuche einfach, pragmatisch das zu ändern, was ich ändern kann, und das zu akzeptieren, was ich nicht ändern kann.«

Wenn du dann das erste Mal an diesem Tag einem Menschen begegnest, der dir mit seinem Feel-good-Mindset so richtig auf die Nerven geht, lass dich davon nicht auf die Palme bringen. Wahrscheinlich will er damit einfach seine eigene Unsicherheit übertünchen. Besonders souverän ist das nicht, aber dir kann das egal sein.

Wenn du dann beim zweiten Kaffee angelangt bist und dich der Ärger über den nervigen Menschen von vorhin doch wieder packt, halte dir auch das vor Augen: Menschen haben keinen objektiven Zugang zur Realität. Alle Zugänge sind subjektiv, sind bloße Interpretationen: deine Untergangsfantasien ebenso wie die Heilsmantren des anderen.

Wenn du dann abends auf der Couch liegst und dich fragst, ob das, was du tagein, tagaus tust, überhaupt einen Sinn hat, wenn du dich unbedeutend fühlst, dann sag dir: »Ja, ich bin unbedeutend. Aber alle anderen auch.« Kosmisch gesehen spielt nichts eine Rolle – und das ist ein Grund zur Hoffnung. Denn wenn du dich erst mal mit der Ameisigkeit des Daseins abgefunden hast, steht das Tor zur Freiheit weit offen.

Ich hab so Sehnsucht, ich hab gehofft
Bald wird die Stunde da sein
Tage und Nächte wart ich darauf
Ich geb die Hoffnung niemals auf
Irgendwo, auf der Welt,
gibt's ein kleines bisschen Glück
Und ich träum davon in jedem Augenblick.

Comedian Harmonists: Irgendwo auf der Welt

Danke, echt gut!

Wir bedanken uns bei unserer Agentin Hanna Leitgeb, die an dieses Projekt von der ersten Sekunde an geglaubt hat. Außerdem senden wir ein großes Dankeschön an unsere Lektoren Max Bachmann und Julia Sterthoff: für die nette, zielstrebige und leichtfüßige Begleitung dieses Buches – und die Erkenntnis, dass die besten Brainstormings im Biergarten stattfinden.

Franz sagt Danke …

Ich danke meinem Redaktionsteam bei Blinkist, von dem ich viel übers Schreiben im Team gelernt habe. Bedanken möchte ich mich auch bei allen Freundinnen und Freunden, mit denen ich mich immer wieder über diese ganzen fiesen philosophischen Sinnfragen ausgetauscht habe; sie heißen Alex, Anne, Chris, Friederike, Katha, Moritz, Sarah und Simon. Mein größter Dank geht an meine Familie: an meine Ehefrau Anja, die genauso wahnsinnig ist wie ich und deshalb verstanden hat, dass ich das jetzt machen muss mit dem Buch; und an meine Tochter Noa, die mit zwei Jahren schon über mehr reflektierte Gelassenheit verfügt, als ich jemals haben werde.

… und Judith auch

Dass ich heute hier sitze, schreibe und am Leben bin, verdanke ich meinen Ärztinnen und Ärzten am Regensburger Krankenhaus St. Josef, Christoph Obermanns und dem Team der Physiotherapiepraxis Oppl. Von Herzen danke ich meinem immer geduldigen Lieblingsmenschen Martin und unseren meist ungeduldigen Fellnasen, Dackeldame Frida und Stubenkater Mr. Holmes, für all die Liebe, unzählige Streicheleinheiten und emotionalen Zuspruch. Es ist wundervoll, dass es euch gibt.

Quellen und Lesenswertes

1 Siehe dazu: Tomotake Ugai et al. (2022): Is early-onset cancer an emerging global epidemic? Current evidence and future implications, in: *Nature Reviews Clinical Oncology*, Bd. 19, S. 656–673.

2 Tobias Haberl (2019): *Die große Entzauberung. Vom trügerischen Glück des heutigen Menschen*, 2. Aufl., München: Blessing. – S. 82.

3 Norman Vincent Peale (2006): *The Power of Positive Thinking. A Practical Guide to Mastering the Problems of Everyday Living*, E-Book-Version: The Quality Book Club. – S. 230 und 6. Übers. v. d. Autoren.

4 Martin Seligman (2018): *Learned Optimism. How to Change Your Mind and Your Life*, Kindle-Version: Nicholas Brealey. – S. 320. Übers. v. d. Autoren.

5 Günter Scheich (2012): *Positives Denken macht krank. Vom Schwindel mit gefährlichen Erfolgsversprechen*, Kindle-Version: Dr. Scheich. – Pos. 621.

6 Vgl. Robert Park (2008): *Superstition. Belief in the Age of Science*, Princeton/Oxford: Princeton University Press. – S. 127.

7 Mitsuo Iwamoto, Janne Knödler & Stefan Schultz (2022): Bock auf die Malediven? Ich buch den Privatjet, in: *Spiegel*, https://www.spiegel.de/a-e0b1b051-6587-40d3-a59f-00a7cbbc6010 [01.07.2022]

8 Martin Seligman (2003): *Authentic Happiness: Using the New Positive Psychology to Realize Your Potential for Lasting Fulfillment*, Kindle-Version: Nicholas Brealey. – S. 137. Übers. v. d. Autoren.

9 Vgl. Gabriele Oettingen (2015): *Die Psychologie des Gelingens*, Kindle-Version: Pattloch. – Pos. 716 und 406.

10 Vgl. Ruiting Song, Harriet Over & Malinda Carpenter (2016): Young children discriminate genuine from fake smiles and expect people displaying ge-

nuine smiles to be more prosocial, in: *Evolution and Human Behavior,* Bd. 37, S. 490–501.

11 Vgl. Dieter Zapf (2018): *Erzwungenes Lächeln,* Interview auf SWR2, https://www.swr.de/swr2/programm/download-swr-5180.pdf [18.01.2018]

12 Vgl. Charles Holahan et al. (2005): Stress generation, avoidance coping, and depressive symptoms: a 10-year model, in: *Journal of Consulting and Clinical Psychology,* Bd. 73, Nr. 4, S. 658–666.

13 Brock Bastian et al. (2012): Feeling bad about being sad: the role of social expectancies in amplifying negative mood, in: *Emotion,* Bd. 12, Nr. 1, S. 69–80. – S. 69. Übers. v. d. Autoren.

14 Das biochemische Konzept der Toxizität (»Giftigkeit«), das eigentlich die Wirkung von Stoffen auf Lebewesen beschreibt, wird in seiner aufs Zwischenmenschliche übertragenen Bedeutung zunehmend Teil der Alltagssprache. Erfunden hat das Konzept wohl Mitte der 1990er die Kommunikationsexpertin Lillian Glass (vgl. Jamie Ducharme (2018): How to tell if you're in a toxic relationship, in: *Time,* https://time.com/5274206/ [05.06.2018]). Diese Begriffsverwendung ist nicht unumstritten. So warnt der Psychologe Stefan Junker, eine allzu leichtfertige Abwertung einer anderen Person als »toxisch« begünstige einseitige Schuldzuweisungen, die der Komplexität von Beziehungsdynamiken nicht gerecht würden (vgl. Stefan Junker (2022): Der Begriff »toxisch« spaltet, in: *Psychologie Heute,* https://www.psychologie-heute.de/beziehung/artikel-detailansicht/42064-der-begriff-toxisch-spaltet-das-stoert-stefan-junker.html [08.07.2022]). Deshalb sei klargestellt: Wir glauben nicht, dass ein Mensch als Mensch »toxisch« sein kann. Verhaltensmuster können es hingegen sehr wohl sein, und hier erscheint uns die Metapher des Giftes durchaus angebracht: Wie wir in diesem Buch zeigen, kann eine scheinbar harmlose Handlung unterschwellig zu Erwartungen führen, die den größeren Handlungszusammenhang negativ beeinflussen – so wie ein Tropfen Öl viele Hektoliter Wasser verseucht.

15 Vgl. J. L. Austin (2020): *How To Do Things With Words,* Kindle-Version: Barakaldo Books. – S. 99–111.

16 Eine durch Sprache ausgelöste Verhaltensänderung, die bewirkt wird, ohne dass man an Herz oder Hirn appelliert, sondern die sich unmittelbar vollzieht, ist im Übrigen praktisch gleichbedeutend mit Manipulation – deshalb die vielen negativen Ausdrücke zur Beschreibung der perlokutionären Wirkungen nach Staffeldt. Vgl. Sven Staffeldt (2010): *Perlokutionäre Kräfte,* http://www.sven-staffeldt.de/mediapool/6/60834/data/Zusammenfassungen/Staffeldt_2010_LingKoll_2006.pdf [abgerufen am 05.01.2023]

17 @sitwithwhit (2019), https://www.instagram.com/p/BtWE80-HOjx/ [01.02.2019] Übers. v. d. Autoren.

18 Whitney Goodman (2022): *Toxic Positivity. Keeping It Real in a World Obsessed with Being Happy.* Kindle-Version: Orion Spring. – S. 78–80. Übers. v. d. Autoren.

19 Vgl. Rick Beato (2023): *How Auto-Tune Destroyed Popular Music,* https://youtube/6IV29YNTH3M [10.01.2023]

20 Vgl. Thomas Curran & Andrew Hill (2019): Perfectionism is increasing over time: a meta-analysis of birth cohort differences from 1989 to 2016, in: *Psychological Bulletin*, Bd. 145, Nr. 4, S. 410–429.

21 Vgl. Karina Limburg et al. (2016): The relationship between perfectionism and psychopathology: a meta-analysis, in: *Journal of Clinical Psychology*, Bd. 73, Nr. 10, S. 1301–1326.

22 Raphael Bonelli (2015): Der Perfektionist trägt eine Maske der Makellosigkeit, in: *Psychologie Heute*, Interview, https://www.psychologie-heute.de/leben/artikel-detailansicht/39719-der-perfektionist-traegt-eine-maske-der-makellosigkeit.html [01.01.2015]

23 David Burns (1980): The perfectionist's script for self-defeat, in: *Psychology Today*, November 1980, S. 34–52. – S. 34. Übers. v. d. Autoren.

24 Nils Spitzer (2016): *Perfektionismus und seine vielfältigen psychischen Folgen. Ein Leitfaden für Psychotherapie und Beratung*, Berlin/Heidelberg: Springer. – S. 41.

25 Günter Scheich (2012): *Positives Denken macht krank. Vom Schwindel mit gefährlichen Erfolgsversprechen*, Kindle-Version: Dr. Scheich. – Pos. 207.

26 Vgl. Sarah Pache (2018): »Ein Indianer kennt keinen Schmerz«, in: *Süddeutsche Zeitung*, https://www.sz.de/1.3886188 [02.03.2018] – Der Artikel über typische »Elternsätze« beginnt so: »Das ist Quatsch. Natürlich kennen Indianer Schmerz. Was sie nicht kennen: diesen Satz.«

27 Kurt Krömer (2022): *Du darfst nicht alles glauben, was du denkst*. Kindle-Version: Kiepenheuer & Witsch. – S. 10.

28 Max Kutner (2014): London mayor Boris Johnson on Winston Churchill's cheekiest quotes, in: *Smithsonian Magazine*, https://www.smithsonianmag.com/history/london-mayor-boris-johnson-winston-churchill-legacy-180953538/ [17.12.2014]

29 Vgl. Jürgen Wertheimer (2020): Warum Warnungen so oft in den Wind geschlagen werden, in: *Deutschlandfunk Kultur*, https://www.deutschlandfunkkultur.de/kassandra-syndrom-warum-warnungen-so-oft-in-den-wind-100.html [23.06.2020]

30 Statistisch gesehen sind Männer mit über 50 Prozent häufiger betroffen als Frauen mit etwa 44 Prozent. Vgl. Bayerische Krebsgesellschaft (2023): *Wie häufig ist Krebs?*, https://www.bayerische-krebsgesellschaft.de/informationen/fakten-ueber-krebs/wie-haeufig-ist-krebs/ [abgerufen am 05.01.2023]

31 Michel de Montaigne (2002): *Essais. Erstes Buch*, München: Goldmann. – S. 134.

32 Vgl. María del Mar Ferradás et al. (2017): Motivational profiles in university students: its relationship with self-handicapping and defensive pessimism strategies, in: *Learning and Individual Differences*, Bd. 56, S. 128–135.

33 Vgl. Julie Norem & Nancy Cantor (1986). Anticipatory and post hoc cushioning strategies: optimism and defensive pessimism in »risky« situations, in: *Cognitive Therapy and Research*, Bd. 10, Nr. 3, S. 347–362.

34 Juliane Marie Schreiber (2022): *Ich möchte lieber nicht. Eine Rebellion gegen den Terror des Positiven*. Kindle-Version: Piper. – S. 129.

35 Vgl. Joseph Forgas & Rebekah East (2008): On being happy and gullible: mood effects on scepticism and the detection of deception, in: *Journal of Experimental Social Psychology*, Bd. 44, Nr. 5, S. 1362–1367.

36 Vgl. Jannica Heinström (2010), *From Fear to Flow. Personality and Information Interaction*, Cambridge/Oxford/New Delhi: Chandos. – S. 93.

37 Vgl. Psychology Today Staff (2023): *Pessimism*, https://www.psychologytoday.com/intl/basics/pessimism [abgerufen am 06.01.2023]

38 Ronja von Rönne (2016): *Wir kommen*, Kindle-Version: Aufbau. – S. 42.

39 Eine sozialwissenschaftliche Studie hat erhoben, welche Emotionen auf welchen sozialen Plattformen als akzeptabel gelten. Dabei kam heraus, dass Traurigkeit, Angst, Enttäuschung und Sorge auf Twitter akzeptierter sind als auf Instagram; bei den Emotionen Freude und Stolz hingegen verhält es sich genau anders herum. Vgl. Sophie Waterloo et al. (2018): Norms of online expressions of emotion: comparing Facebook, Twitter, Instagram, and WhatsApp, in: *New Media & Society*, Bd. 20, Nr. 5, S. 1813–1831. https://doi.org/10.1177/1461444817707349

40 Vgl. Wired (2002): *Universe: Beige, not Turquoise*, https://www.wired.com/2002/03/universe-beige-not-turquoise/ [08.03.2002]. – Mehr dazu auch in Folge 506 von Florian Freistetters Podcast *Sternengeschichten:* https://sternengeschichten.podigee.io/506-sternengeschichten-folge-506-cosmic-latte-die-farbe-des-universums [05.08.2022]

41 Vgl. Justin Kruger & David Dunning (1999): Unskilled and unaware of it: how difficulties in recognizing one's own incompetence lead to inflated self-assessments, in: *Journal of Personality and Social Psychology*, Bd. 77, Nr. 6, S. 1121–1134. – Neal Roese & Kathleen Vohs (2012): Hindsight Bias, in: *Perspectives on Psychological Science*, Bd. 7, Nr. 5, S. 411–426.

42 Mehr zum Thema Forschungskosten und Wissenschaftsfreiheit findet sich in Franz' Dissertation: Franz Himpsl (2017): *Die Freiheit der Wissenschaft. Eine Theorie für das 21. Jahrhundert*, Wiesbaden: J.B. Metzler. – S. 88.

43 Vgl. Robert K. Merton (1942), Science and technology in a democratic order, in: *Journal of Legal and Political Sociology*, Bd. 1, S. 115–126.

44 Karl Popper (2003): *Das Elend des Historizismus*, 7. Aufl., Tübingen: Mohr Siebeck. – S. 59.

45 Vgl. Baumbach (2014): Betten gefährlicher als Flugzeuge, in: *Aerotelegraph*, https://www.aerotelegraph.com/mehr-menschen-sterben-bei-sturz-aus-bett-als-bei-flugzeugabsturz [18.02.2014]

46 Vgl. Deutsche Hauptstelle für Suchtfragen: *Nikotin – Risiken*, https://www.dhs.de/suechte/risiken [abgerufen am 06.01.2023]

47 Vgl. Hans-Peter Kohler, Jere Behrman & Axel Skytthe (2005): Partner + children = happiness? The effects of partnerships and fertility on well-being, in: *Population and Development Review*, Bd. 31, Nr. 3, S. 407–445.

48 Russ Roberts (2022): How to make a decision when there's no »right« one, in: *New York Times*, https://www.nytimes.com/2022/07/21/opinion/how-to-make-decisions.html [21.07.2022] Übers. v. d. Autoren.

49 Gerd Gigerenzer (2015): Wenn der Bauch schlauer ist als der Kopf, in: *Magazin für Kommunikation*, Interview, https://www.kom.de/karriere/wenn-der-bauch-schlauer-ist-als-der-kopf/ [03.07.2015]

50 Vgl. Gerd Gigerenzer (2015): *Bauchentscheidungen: Die Intelligenz des Unbewussten und die Macht der Intuition*, Kindle-Version: Bertelsmann. – S. 42.

51 AOK (2021): *FOMO: Was kann man gegen die Angst, etwas zu verpassen, tun?*, https://www.aok.de/pk/magazin/koerper-psyche/psychologie/jomo-gegen-fomo-tipps-gegen-die-fear-of-missing-out/ [13.10.2021]

52 Wir haben hier übrigens nicht vergessen, dass Judith sich gendertechnisch eher als Indianer*in* definiert hätte. Tatsächlich war ihr schon mit vier klar, dass man im Wilden Westen als Frau noch weniger zu lachen hatte als als Häuptling. Zielvorstellung: Winnetou. Andere Zeiten. Und mit Karl May haben wir heute auch nichts mehr an der Federkrone.

53 Die Studien finden sich bei der OECD: https://www.oecd.org/berlin/themen/pisa-studie/

54 Vgl. Ralph Schilling et al. (2012): Pharmakologisches Neuroenhancement, in: *GBE kompakt*, Bd. 3, S. 1–6.

55 Charles Dickens (2020): *Great Expectations*, Kindle-Version: Ilias Thiesseas. – S. 516.

56 Der britische Journalist Tim Harford erzählte die Anekdote in einem TED-Talk zum Thema »Frustration und Kreativität«: https://youtu.be/N7wF2AdVy2Q [02.02.2016]

57 Vgl. Thomas Ehring (2021): *Das Denken in Schleifen*, Interview im Deutschlandfunk, https://www.deutschlandfunk.de/staendiges-gruebeln-und-depressionen-das-denken-in-schleifen-100.html [04.07.2021]

58 Dargelegt hat Nida-Rümelin diese Vorstellung unter anderem in seiner Rede zur Eröffnung der Salzburger Festspiele 2021. Die Rede ist nach unserem Wissen nicht mehr im Internet verfügbar, jedoch findet sich hier eine gekürzte Fassung: https://www.salzburg.gv.at/kultur_/Documents/Festspiele2021_Rede4_Nida-Ruemelin.pdf

59 Aus: *Fett und Fett*, Staffel 2, Folge 2, https://www.zdf.de/serien/fett-und-fett/fett-und-fett-136.html – Min. 19:06 ff.

60 Vgl. Jule Specht et al. (2011): Stability and change of personality across the life course: the impact of age and major life events on mean-level and rank-order stability of the Big Five, in: *Journal of Personality and Social Psychology*, Bd. 101, Nr. 4, S. 862–882. https://doi.org/10.1037/a0024950

61 Vgl. Philip Brickman, Dan Coates & Ronnie Janoff-Bulman (1978): Lottery winners and accident victims: is happiness relative?, in: *Journal of Personality and Social Psychology*, Bd. 36, Nr. 8, S. 917–927.

62 Eine knappe Zusammenfassung findet sich bei Robert Waldinger (2016): *What makes a good life? Lessons from the longest study on happiness*, TED Talk, https://youtube/8KkKuTCFvzI [25.01.2016]

63 Vgl. Scott Barry Kaufman (2018): The role of luck in life success is far greater than we realized, in: *Scientific American*, https://blogs.scientificamerican.com/beautiful-minds/the-role-of-luck-in-life-success-is-far-greater-than-we-realized/ [01.03.2018]

64 Scott Galloway (2016): *Don't Follow Your Passion,* https://youtu.be/wVWyqlJK93Q [26.10.2016] Übers. v. d. Autoren.

65 Nachzulesen in Judiths Doktorarbeit, in der sie Antisemitismus in Heideggers Philosophie nachweist und kritisch hinterfragt, wie es sein kann, dass darüber nicht schon viel früher gesprochen wurde: Judith Werner (2018): *Poesie der Vernichtung. Literatur und Dichtung in Martin Heideggers Schwarzen Heften,* Wiesbaden: J.B. Metzler.

66 Vgl. Simon Critchley (2009): Being and time, part 4: thrown into this world, in: *Guardian,* https://www.theguardian.com/commentisfree/belief/2009/jun/29/religion-philosophy [29.06.2009]

67 Søren Kierkegaard (1997): *Die Krankheit zum Tode,* Stuttgart: Reclam. – S. 13.

68 Albert Camus, zitiert nach: Werner Scholze-Stubenrecht (1993): *Duden,* Bd. 12: Zitate und Aussprüche, Mannheim et al.: Dudenverlag. – S. 637.

69 Vgl. Marlen Hobrack (2018): Warum Sex nicht dasselbe wie Gender ist, in: *Welt,* https://www.welt.de/kultur/literarischewelt/article174933060/ [27.03.2018]

70 Wolfram Eilenberger, *Feuer der Freiheit: Die Rettung der Philosophie in finsteren Zeiten (1933–1943),* Stuttgart: Klett Cotta. – S. 166.

71 Zitiert nach: Wilhelm Capelle (1973), *Die Vorsokratiker,* Stuttgart: Kröner. – S. 88.

72 Der englische Begriff *freak* bedeutet zunächst einfach nur »unnormal«. Er wurde im 19. Jahrhundert aber zunehmend für Menschen mit körperlichen oder geistigen Einschränkungen verwendet. In diesem Zusammenhang entstanden die sogenannten Freak-Shows, in denen Menschen mit Missbildungen zur Schau gestellt und zu Entertainment-Zwecken gequält wurden. Heute steht der Begriff hingegen für Menschen, die ihre Nonkonformität ausleben, und hat insofern eine positive Wandlung erfahren.

73 Robert Fulghum (1997): *True Love: Stories,* New York, HarperCollins. – S. 98. Übers. v. d. Autoren.

74 Nachzulesen im dritten Kapitel von John Stuart Mills Schrift *On Liberty* aus dem Jahr 1859.

75 Kant AA IV, 421. (Immanuel Kant wird üblicherweise nach Band und Seitenzahl der Akademie-Ausgabe – kurz: AA – zitiert: *Gesammelte Schriften,* hrsg. v. d. Preußischen Akademie der Wissenschaften.)

76 Matthäus 5:28 (LUT).

77 Lea Dohm (2022): Was rüttelt die Menschen auf, ohne dass sie resignieren?, in: *Spiegel,* Interview, https://www.spiegel.de/a-8e8e4bb1-7118-4022-905e-1ad680025f0c [16.08.2022]

78 Vgl. Jan Schwenkenbecher (2022): Ich bin da, in: *Süddeutsche Zeitung,* 11. Juni 2022, S. 31.

79 So betont die Philosophin Svenja Flaßpöhler: »Die Algorithmen belohnen den Hass […] und die Grenzüberschreitung […]. Die Algorithmen belohnen nicht die Mäßigung und die Differenzierung. […] Diese [sozialen] Medien sind Hassproduzenten.« Aus: *Der Furche Podcast.* https://on.soundcloud.com/FjXYq

80 Vgl. Daniel Yudkin (2018): The psychology of political polarization, in: *New York Times*, https://www.nytimes.com/2018/11/17/opinion/sunday/political-polarization-psychology.html [17.11.2018]

81 Nachzulesen in dem Artikel »Nelson Mandela transformed himself and then his nation« der *Los Angeles Times*, https://www.latimes.com/opinion/topoftheticket/la-xpm-2013-dec-06-la-na-tt-nelson-mandela-20131206-story.html [06.12.2013]

82 Siehe dazu: Greg Bishop (2015): How a book on stoicism became wildly popular at every level of the NFL, in: *Sports Illustrated*, https://www.si.com/nfl/2015/12/08/ryan-holiday-nfl-stoicism-book-pete-carroll-bill-belichick [07.12.2015]

83 Vgl. Ryan Holiday: *The Daily Stoic. 366 Meditations on Wisdom, Perseverance, and the Art of Living*, London: Profile Books. – S. 9.

84 Vgl. Ryan Holiday (2022): *Discipline Is Destiny. The Power of Self-Control*. Kindle-Version: Profile Books. – S. xxi–xxiv.

85 Nachzulesen hier: Beverly Beyette (2008): The Queen Victoria cruise ship a queen, all the same, in: *Los Angeles Times*, https://www.latimes.com/travel/la-tr-queenvictoria20jan20-story.html [20.01.2008]

86 Vgl. Lee Jussim (2022), Self-fulfilling prophecy, in: *Encyclopedia Britannica*, https://www.britannica.com/topic/self-fulfilling-prophecy [27.02.2022]

87 Vgl. Dylan Matthews (2021): About 200 years ago, the world started getting rich. Why?, in: *Vox*, https://www.vox.com/future-perfect/2022/6/1/23138463/ [01.06.2022] – Development Initiatives (2021): *Poverty Trends: Global, Regional and National*, https://devinit.org/resources/poverty-trends-global-regional-and-national/#note-RB-NYp4O6 [10.11.2021]

88 Vgl. World Bank (2022): *Global Progress in Reducing Extreme Poverty Grinds to a Halt*, https://youtu.be/hAjEyF5Vo2A [05.10.2022]

89 Wikipedia (2019): *Anteil lebend geborener Kinder, die starben, bevor sie fünf Jahre alt wurden*, Grafik, https://de.wikipedia.org/wiki/Kindersterblichkeit#/media/Datei:Child-mortality.svg [02.05.2019]

90 Vgl. Steven Pinker (2021): How humans gained an »extra life«, in: *New York Times*, https://www.nytimes.com/2021/05/11/books/review/extra-life-steven-johnson.html [11.05.2021] – ders. (2018) *Is the World Getting Better or Worse? A Look at the Numbers*, https://youtu.be/yCm9Ng0bbEQ [21.05.2018]

91 Vgl. Pete Etchells (2015): Declinism: is the world actually getting worse?, in: *Guardian*, https://www.theguardian.com/science/head-quarters/2015/jan/16/declinism-is-the-world-actually-getting-worse [16.01.2015]

92 Vgl. Deutsche Gesellschaft für Endokrinologie (2023): *Nebennieren-Karzinom*, https://www.endokrinologie.net/krankheiten-nebennierenkarzinom.php [abgerufen am 05.01.2023]

93 Aus der Interview-Dokumentation *McCartney 3,2,1*, Staffel 1, Folge 1. – Min. 4:56 ff.: »John had a very defensive way. It's how he got through childhood. But I was much more open, optimistic. So as a team, that worked.«

94 Vgl. Egon Dejonckheere et al. (2022): Perceiving societal pressure to be happy is linked to poor well-being, especially in happy nations, in: *Scientific Reports*, Bd. 12, Nr. 1514, https://doi.org/10.1038/s41598-021-04262-z

95 Vgl. Amy Gallo (2022): *Getting Along. How to Work with Anyone (Even Difficult People).* Kindle-Version: Harvard Business Review Press. – S. 88.

96 Michaela Brohm-Badry (2022): Darum leben Optimisten länger, in: *Spiegel,* Interview, https://www.spiegel.de/a-d3e72410-050b-4b0d-a87a-7b0379d643e7 [22.06.2022]

97 Vgl. Alison Hill et al. (2010): Emotions as infectious diseases in a large social network: the SISa model, in: *Proceedings of the Royal Society B,* Bd. 277, S. 3827–3835.

98 Timothy Ferris (2009), *The 4-Hour Workweek. Escape 9–5, Live Anywhere, and Join the New Rich,* erw. und ern. Aufl., New York: Crown Publishers. – S. 20–21.